絶対また行く料理店101

横川 潤

集英社インターナショナル

絶対また行く料理店１０１

目次

1 ワインではなく、ひとに恋して

2 さぁ、ショウの始まりだ

3

人生さいごの午餐と晩餐

イラスト
島田虎之介

装丁・デザイン
白石良一、関秋奈、前田理菜
（白石デザインオフィス）

1

ワインではなく、ひとに恋して

サービスに恋して
このご恩、死ぬまで忘れない

空港で見つけたサービス

「料理に恋する」という表現こそあるが、じっさいフォアグラやらトリュフやら、あるいはカルビやらホルモンやらと恋愛関係におちいるわけにはいかない。

ひとはひとに恋する他なく、それはまた深い真実にも思える。そしてレストランで最高の感動（または失望）を与えるのも疑いなく「ひと」である。

そもそも料理にしてもそれをつくった「ひと」がいるわけで、美味しくて感動しても不味くて腹が立っても、つまるところ「ひと」に対して感情の波が立っているともいえる。「サービス」はひと、またはそのハートそのものが「商品」ゆえ、料理に負けず劣らずの感動（または失望）を与える。

そして素晴らしいサービスを受ければ、死ぬまで忘れられない、と言っても過言ではない。あれは二〇〇〇年の夏。愚妹がスペインで結婚式を挙げたいとわがままを言うので、それにかこつけて欧州を旅した。

最初の訪問地はロンドン。ヒースロー空港から車で宿泊先の「ザ・コノート」に向かい、到着して青ざめた。まだ買って間もないＲＩＭＯＷＡ（リモワ）のスーツケースの車輪が一つ、抜け落ちてしまっていたのである。

これから車輪の一つ欠けたスーツケースでスペイン中を回るかと思えば、じつに気持ちが萎《な》えた。そういうわたしをコノートのスタッフたちは同情にたえないといった表情で見つめていた。

コノートは一見して地味なホテルであるが、使い込まれて艶の出たアンティーク類など見れば見るほど味わい深い。観光にも便利なロケーションながらホテルの周囲は閑静な佇まいで、故辻静雄氏がこよなく愛したのも宜なるかな。

愉しい滞在を終え、タクシーに乗ろうとして驚いた。なくなったはずの車輪が、丁寧にボルトで留められている。

いぶかしげな顔の私に、スタッフ氏は涼しげな顔で言った。

「空港で見つけましてね」

私は呆気にとられ、手品でも見せられた気分だったが、とりあえずチップを渡そうと、ポケットをまさぐった。スタッフ氏は穏やかな微笑を浮かべ、しかし断固とした雰囲気で「いらないよ」というように手をふった……。

まあ、これは世界的に優れた例外ともいうべきケースで、以下に触れるレストランでこういう待遇を期待されても困る。

とはいえ「サービス」にもいろいろな在り方があるなと思わせる、その意味で興味深い繁盛店だ。

人気ソムリエの忘れえぬ「お茶」

私の大学および大学院の恩師、村田昭治先生はわが国のマーケティング研究の草分けにして第一人者といわれ、「オレは骨の髄までマーケティング。血液型もマーケティングだ」と豪語して人を煙に巻いておられた。

ことにサービスやホスピタリティについての言説は峻烈をきわめ、褒めておられたと記憶しているのは唯一、今は亡き赤坂「ビストロサンノー」のマダムくらいで、あとはボロクソ、ケチョンケチョンだった。

とっても、怖い方なのである。

あるときゴルフ場でバッタリ恩師と再会し、ほぼ直立不動の私に対して彼は言った。

「おい、おまえ、中本はイイなあ。ほら、『ロオジエ』の」

師は私がグルメに関して駄文を労しているのをご存じで言われたのであるが、「ハイッ！」と答えるのがやっとだった。

で、その中本聡文氏。

このうえ私が褒めても「屋上屋《おくじょうおく》を架す」のそしりは免れえまいが、サービスといってすぐ頭に浮かぶのは「すし匠」の中澤圭二氏、そして中本氏である。

「優れたサービスマンとは何か」ということを、たとえばフランスを始めとするヨーロッパの名店にならって考えれば、まずその「立ち姿」を外すわけにはいかない。

客に「見られている感(=威圧感)」を与えるような立ち姿では、失格。

ほどよく離れたところで静かに立ち、お客を見るともなくよく見ていて、何かあればスッと歩み寄って、問題を解決して差し上げる……という感じ。

こういう立ち姿のできるわが国のサービスマンといえば、まず中本氏。歌舞伎役者のような凜とした顔立ちと厚い胸板で、サービスマンとして打ってつけの外見。もっとも近年は年相応に貫禄(または体重)が増したせいか、本人自ら「くまもん」に似てきたと認めている。

あるいはホテルオークラ東京内「バロン オークラ」の江川和彦マネージャー。同ホテルの中国料理店「桃花林」で契約社員として働いていたときからソムリエとして頭角を現し、今や彼のために創られたと言っても過言ではない、ハイエンドワインサロンを統括している。

そしてあの田崎真也氏。メディアに出過ぎの感もあるが、実は立派な立ち姿の持ち主で、サービスマンとしても一流である。

　恩師の弟弟子にあたる井関利明先生はつとに知られたワイン通でおられるが、先生によれば「ワインはボキャブラリーだ」との由。そのワインを語る表現の豊富さこそ理解度の高さなのだ……という意味だそうで、まことに難解、というか奥深い。

　先生は「田崎さんほどボキャブラリー豊かなソムリエは珍しい。だからこそワイン通だろうと、半可通だろうと、ミーハーだろうと、見事に対応されている」といった意味のことをおっしゃっていた。

　奇しくも三人はソムリエであるが、その店は彼らを目当てに集まる客で繁盛しているのだから、サービスの威力は凄い。

　で、再び中本氏の話に戻る。彼にまつわるエピソードを書けばキリがないが、直近のもので言えば「お茶」。

　私は二〇一一年八月二二日の夜（……細かいね）以来、酒を完全に断っているため、はなはだ恐縮しながら、「ノンアルで、料理に合う飲み物ってないですかね」と訊いた。

　氏は余裕の笑みを浮かべて姿を消し、ほどなく戻ってきて供されたのが、ほうじ茶。

「適度に渋味があって脂を切りますし、このほうじ香が、ジビエのようなお料理にも合うと思いますよ」

　確かにただの水や炭酸水、ウーロン茶などとくらべ、脂っこい料理ともしっかり拮抗し、かつ洗い流す力を備えている。

「きっと、高価なのでしょ？」

「いえ……ティーバッグです。お待ちになっていると思って、急いで引き上げたので薄くはなかったですか」

まるでいたずらっ子のようにそう言い、「実は『ロオジエ』のお客さまの〇割（……いちおう部外秘）は、お酒を召し上がらないのです」とつけ加えた。

ソムリエなのに酒を飲まない客をも喜ばせるこの気遣い。ただ者ではない。

接客が生きがい？

若林英司氏もソムリエ。「ロオジエ」と目と鼻の先の「エスキス」で、またひと味ちがったサービス力を見せる。

エピソードは（またしても）お茶。

コース料理はウエルカムドリンク付きで、ふつうはシャンパンの由。

「お酒、呑めないのですけど……」

決して愛想がよいとは言えない氏が、なぜかキュートな笑顔で、「いいものが、ございます」と答えた。「ジャスミン茶です」。

ジャスミン茶〜〜？

とりあえず「エスキス」は高級フランス料理店である。ジャスミン茶の味は好ましいとはいえ、個人的には千駄ヶ谷のギトギト系ラーメン屋「ホープ軒」で、自分でコップに注いで呑む代物のイメージが強すぎる。

が、ワイングラスに注がれた琥珀色の液体の見目麗しいこと！　香りは芳醇この上なく、味わいの余韻はワイン並みに長い。

氏は目を細めて言った。

「時間をかけて、召し上がってくださいね……これ、シャンパンより高価ですから」

料理は面白かったけれども少し違和感を覚えた。帰りしな、「お料理はいかがでしたか」という氏に、そう切り出したら、彼は全身で私の言うことを吸収しよう、という感じで身構え、目がすわっていて、怖かった。

後日、再訪して今度はいたく満足した。出口で待っていた氏にそう伝えたら、「よかったです……」と言って全身の力が抜けたようだった。いやはや、これほど「本気」なサービスマンは、見たことがない。

中本氏にしても若林氏にしても、キャリアの入り口はワインだったが、今やむしろ接客のほうに生きがいを見いだして見える。

料理やワインに恋するというのは結局のところ修辞であって、ひとはひとに恋するのである。接客という仕事に惚れたお二方からは、サービスやホスピタリティという言葉の奥深さが伝わってくる。
そして（「ロオジエ」でなく）中本さんのお店に、（「エスキス」でなく）若林さんのお店に、また行きたいなあと思うのである。

ロオジエ L'OSIER
東京都中央区銀座7-5-5
☎0120-156-051　12時〜14時L.O.
18時〜21時L.O.　日曜（月曜祝日の場合は営業）、祝日（不定）、GWなど休　カード可

エスキス ESqUISSE
東京都中央区銀座5-4-6 ロイヤルクリスタル銀座9F
☎03-5537-5580
12時〜13時L.O.　18時〜20時30分L.O.（月曜〜土曜）
無休（日曜、祝日の夜は休み。
月曜が祝日の場合は日曜夜営業）　カード可

オープンキッチン
顔が見えるがゆえの哀楽

「顔が見える」というフレーズの人気が高い

いわく、「顔が見える野菜」「顔が見えるサービス」「顔が見える会社」「顔が見える政治」……。

裏を返して言えば、通信網や流通が発達した結果、相手の顔を見ずして事を済ましうる社会になった証《あかし》、と言えようか。

「顔の見えない社会」であるがゆえ、顔の見える状況が好ましいと思えたりする。

レストランでも「顔」が見えることは大切である。

以前、世界の主要都市でフュージョン料理のレストラン「NOBU」を展開し、殊にアメリカではセレブリティシェフとして知られる松久信幸氏に取材したことがある。インタビュー場所は「NOBU」のニューヨーク店だったので、「近所で好きなレストランって、ありますか?」という問いに対し、「たとえば、グレイ・クンツがやっているように、作り手の〝顔が見える〟料理を出している店がいいですね」と答えておられた。

確かに料理を食べて心底「美味しい」と思うとき、そこには作り手の個性やメッセージ――すなわち〝顔〟――が見える気がする。そうであれば、厨房の奥にいるらしきシェフを想像しながら食べるのもよいけれど、目の前に〝顔〟があったほうが、料理の魅力がダイレクトに伝わりはしまいか。

たとえばCDの音楽よりもDVDのような映像つきのソフトのほうが、プレイヤーの喜怒哀楽の表情などを通じ、いっそう生々しいメッセージが伝わるのと似て。

そして流行の「オープンキッチン」の店で食事をしていると、何よりも「顔が見える」のは愉しいな……という感を強める。

その筆頭といえば「オー・ギャマン・ド・トキオ」。

木下威征《たけまさ》という名前からして勇ましい男が厨房に立ち、スタッフにてきぱきと指示を与え、常連に笑顔をふりまいている。

看板料理は、「トウモロコシのムースと生ウニ」。なめらかなムースの舌触りと、鼻孔に抜ける素材の風味が癖になる逸品である。

「オー・ギャマン・ド・トキオ」の成功

木下氏は以前、頑なにメディア露出を拒む、白金「モレスク」でシェフを務めていた。

同店はいわゆるセレブ客の多い隠れ家バー。彼はワインやカクテルを愛でる客を相手に、緩急自在の料理をふるまった。

田舎風パテや自家製ソーセージのようなおつまみ、わさびパスタや焼きそばのような変わり種、そして骨付きラム肉のグリルや鴨腿肉コンフィのようなビストロ料理。

夜のとばりが降りる頃、常連たちが三々五々、木下氏の料理を目当てに集結してくる、まことに粋な光景であった。

店のインテリアは、すこぶる画期的。スタッフの調理場を囲むようにして、ぐるりとカウンターをしつらえている。客はおのずと彼らの仕事ぶりに接しながら、食事を楽しむ格好となる。

自信あればこそ、なしうる芸当である。

以前、とあるカウンタースタイルのイタリア料理店を訪ねたときは、シェフが目の前でケーキの飾りに苦心し、「あっ！」とか言ってチェリーをこぼす場面と遭遇した。

最近は中国料理のオープンキッチンが登場。料理人が盛大に鍋をカンカン叩き、大声で注文を伝え、したたる汗を拭い、すこぶる食欲が萎えたのを思い出す。

オープンキッチンは正常に機能している限り、裏側をさらけ出して、客に「安心・安全」を与えうるシステムである。しかしこのようなイタリア料理店や中国料理店では、逆効果でしかない。

木下氏の成功は、「モレスク」での経験を踏まえ、オープンキッチンで成しうる料理アイテムを徹底的に考えた点にある。

満を持して開いた店だからこそ、オープンキッチンは支持を得たのである。

客は安心して料理人の仕事に見入り、いつしか食事と会話に専念し、気づけばオープンキッチンは快いBGMと化している。二〇一五年「オー・ギャマン・ド・トキオ」は恵比寿に移転したが、オープンキッチンスタイルとそこに立ち続ける木下氏の姿は健在。今や東京を代表する繁盛店の一つゆえ、彼を囲む「アリーナ席」はゲット至難のプラチナシートになってしまった……。

古くて新しい「すし匠」のカウンター

古典的なフランス料理の世界では、キッチンと客席は明確に分け、客は料理人の仕事ぶりなど与《あずか》り知らない。

著名な料理人のジョエル・ロブション氏にインタビューしたとき、その鋭すぎる目つきと、すこぶる感情的なリアクションに多大の感銘を受けた。

「フランス人に日本料理はわかるのか」という挑発的な問いに対し、身を震わせて、「日本人だってフランス料理の深奥はわからない」というたぐいの切り返しをした。

畏敬すべき点は多々あるとはいえ、目の前で料理はしてほしくない男であった。

思うにフランス料理は、貴族のお抱え料理人がフランス革命で失職し、街場で店を開いたのが発祥である。身分とは言わないが、役割分担がハッキリしている。

その点、日本では江戸の町人文化の中で、寿司、天ぷら、蕎麦が屋台料理としてスタートを切った。その後カウンターという名のオープンキッチンに「出世」するわけであるが、平等を通り越して、職人のほうが偉そうだったりする。

その点、四谷「すし匠」を訪ねるたび、中澤圭二氏の客あしらいには感嘆を禁じえない。博覧強記にして、すべてにおいて一家言を持ちながら、押しつけがましさはない。

「私は高度経済成長期、新製品や新発売の嵐の中で育ちましたから、つねに新しさを好む傾向があるのでしょうね」

そう言い添えて握って出せば、彼の創作寿司のスパイスになるではないか。

何より感心したのは、客が話しかけたとき、ひょいと身を屈《かが》める仕草である。

中澤氏はかつてスナックで働いていたとき、「商品に頼らずしてもてなす苦労」を味わい、接客に磨きをかけた。〝相手と目線を合わせる接客〟はその賜《たまもの》である。

ふと手を止め、天井を眺めている中澤氏は、こう考えあぐねている顔に見える。

〝俺の寿司は、どうしたらさらに進歩できるだろうか……〟。

オープンキッチンは開けっ広げだから怖い。時として心の内側まで見えてしまう。

「オー・ギャマン・ド・トキオ」で、妙なネーミングの料理を見つけた。

「このキューちゃんソースっていうのは？」

「ビストロで出しているピクルスソースの僕流アレンジです。きゅうりのキューちゃんを、細切れにして作った……」

木下氏は悪戯《いたずら》のばれた、子供のような顔をした。こういう男でないと、オープンキッチンは務まらない。

オー・ギャマン・ド・トキオ AU GAMIN DE TOKIO
東京都渋谷区恵比寿3-28-3
CASA PIATTO2F
☎03-3444-4991　18時～23時L.O.
日曜、祝日休　カード可

すし匠
東京都新宿区四谷1-11 陽臨堂ビル1F
☎03-3351-6387
11時30分～売り切れまで
(月曜・水曜・金曜、ばらちらしのみ)
18時～22時30分L.O.　日曜、祝日の月曜休　カード可
※中澤圭二氏はワイキキ店オープンのため不在となります。

シェフが一人で切り盛り
一人料理の千変万化

一人だから安い高級和食

こう世知辛い世の中になると、ついぞ気にしたことのなかったことを気にし始める。たとえばホテルのレストラン。

メニューを目で追いながら、心は「この価格にはさぞ、余計なカネが乗っかっているにちがいない」と疑心暗鬼になる。

いや実際、広壮なホテルの敷地にかかる使用料または固定資産税、その経費やら税金やらを計算する本部経費、あるいは数知れぬ従業員の給与および福利厚生費。新しい客を呼び込むための宣伝広告費や諸々の交際費……。

このひと皿に積み重なったカネに思い及べば、恐ろしく損をした心地になる。

もっとも食事の価値はいわゆる原価（食材コスト）だけではかれるものではない。たとえば『ミシュラン』が評価基準として「皿の上だけを見る」などとのたまえば、どうにも眉につバをつけたい気にもなる。その上に料理をのっけている皿の色、あるいはテーブルクロスのデザイン、そしてインテリア等々が、味に影響しないはずがない。それはそれで、れっきとした「味の一部」だと思うのである。

とはいえ真剣に「皿の上だけ」を味わいたい好事家にとって、可能な限り料理以外のフリルをとりのぞいたレストランがあれば、好ましいことこの上ないのは確か。それでいて「美味しい」となれば、めざとい好事家の支持を得て繁盛すること間違いない。

たとえば六本木「青華こばやし」のカウンター席に座れば、食べ進むほどに得をしている気分になる。

小林雄二氏の店であるが、店には彼一人しかいない。コストは原価プラス小林のつましい（？）生活費だけ。

彼の口上がまたいい。ウニ、アワビ、イクラの小鉢が載った盆を出し、にやりと笑って言う。

「痛風三点セットです」

二度ほど痛風発作を起こしたわたしには笑えぬ冗談とはいえ、かえって大ぶりのウニやアワビ、どっさりのイクラに対して、負けじと闘志を燃やす自分がいる。

高級食材をドサッと使うのが清々しい。

三点セットに続き、松茸と甘鯛の吸い物。けちけちせず、ざっくり切った食材だからこそ、お互いの旨味を十分に引き立て合い、十二分の感動を与える。

甘鯛はまた焼いて出し、分厚い身のたっぷり含むジュースに歓び、悶え苦しむ。かと思えば、てっさのポン酢和えを出して気分を一新させ、その白子を焼いてまったりさせる。まことに心憎い配球ぶりだ。

〆は当然（？）松茸ご飯。日本人に生まれた幸せを味わい、腹をポン！と叩く。

完全予約制で夜は一万五千円程度。

この豪華食材オンパレードにしては破格の安さという他ない。店主の自分一人が食べていけたらOKという考えなくば、実現しえぬ価格だ。器は小林が一〇代の頃から蒐集を始め、屋号に冠した須田青華など錚々《そうそう》たる作家物を用いている。この費用対効果こそ、目下予約至難の所以《ゆえん》か。

唯一の不安材料はまだ若い彼の結婚。願わくば、贅沢好きの嫁をもらわぬように……。

「ヴィノテカ・キムラ」という一人劇場

昔、ニューヨークで暮らしていた頃、「バスタパスタNY店」には、四回か五回ほど行った。

原宿の「バスタパスタ」は一九八〇年代半ばに一世を風靡し、初代シェフはその後、『料理の鉄人』などに出演しわが国イタリア料理界の中心人物となる山田宏巳氏が務めた。その後「カノビアーノ」の植竹隆政氏や「リストランテ濱﨑」の濱﨑龍一氏など、現在のイタリアンの代表的シェフを輩出。斯界に甚大な影響を与えた、というか、もし「バスタパスタ」なかりせば、今日の東京イタリアンはどうなっていたかとさえ思わせる存在だ。「バスタパスタNY店」がオープンするや、わたしはハマった。ニューヨーカーの味覚に妥協しない（？）東京テイストのイタリアンであった。

同店の元シェフが営んでいる店があると聞き、いそいそと白金高輪界隈に出かけた。店名は「ヴィノテカ・キムラ」。ヴィノテカはヴィーノ（ワイン）とエノテカ（ワイン倉）を掛け合わせた、ワインを楽しむイタリアンの意だ。

ニューヨーク帰りの店ゆえ、さぞかし気取った店——たとえば流行の服をまとった界隈の業界人が、けだるげにバルサミコソースの鴨のコンフィなどつまむ感じ——ではないかと思っていた。

ところが、あまり整頓されていない、より正直にいえば雑然とした店内で、木村博人氏はせっせと仕込みに精を出していた。この店を一人で営む木村は、どこからどう見たってニューヨーカーには見えない。しかしそこがまた好ましい男であった。

木村氏はカウンターに座ったわたしの顔を認め、にたっとした笑顔になった。

「前にニューヨークのお店に、いらっしゃいましたよね」

その記憶力たるや、神の領域。

「じゃ、ワインを」

「後ろの冷蔵庫、開けてください」

は？　と思ってふり向いたら、ワインがびっしり詰まった冷蔵庫がある。決してエノテカ（ワイン倉）ではない。ワインボトルの首には値札がついていて、値段は一目瞭然。いわゆるブランドワインはないが、木村氏が自分で納得したワインだけをそろえている。

とりあえず自家製テリーヌを切り分けてもらった。ねっとりこってりした味わいは、木村セレクトの白ワインにぴたりと合う。

前菜の陣容は、ひこいわしのマリネ、チーズの燻製かりかりソテー、ホワイトアスパラガスのソテー等々。実にシンプルで飾り気がない。そして驚くべきは、メインらしき料理がちょこっとしかないこと。その日は鮮魚のソテー、ホロホロ鳥、そして豚ローストの三品しかなかった。

しかしスパゲッティーニ（細めのスパゲティ）は一転してバラエティ豊富。

「帆立と空豆と蟹ととびこ」「生ウニとバジリコペースト」「からすみとシラスと松の実」「ベーコンと縮緬《ちりめん》キャベツ」「辛い子袋のトマトソース」「仔羊のミートソース」「フランス産ウズラと茸《きのこ》」……。

その質と量で完全にメインを喰っている。

お味のほうは、日本人ならきっと抱いている、「ああこういうスパゲティが食べたいなあ」という願望を叶える出来映え。

つるつるしこしことした炭水化物は、具のタンパク質と妙なる調和を見せる。

ただし盛り付けは危なっかしい。

「あれっ」とか言いながら出したスパゲッティーニは、皿の片方に寄ってしまっていた。この店ではそうした凡ミスさえ、なぜか許せてしまう。何しろBGMのカンツォーネが、いきなり演歌に変わってしまう店なのだ。

店の電話が鳴り、受話器をとった彼は申し訳なさそうにあやまる。

「スミマセン、満席でして……」

今宵また魚籃坂《ぎょらんざか》下の路地に小さい灯がともる。余計なカネが乗らないスパゲッティーニを求め、美味しいもの好きが三々五々集まってくる。カウンター内で孤軍奮闘中の木村氏を、常連の笑顔が取り巻いている。

東京はニューヨークに劣らず、粋な街になった。

青華こばやし
東京都港区六本木7-10-30 清水ビル1F
☎03-6459-2210
12時~21時30分(要予約) 不定休 カード可
※2016年2月、新宿区荒木町に移転。

ヴィノテカ・キムラ Vinoteca Kimura
東京都港区三田5-14-17
☎03-6450-4199
火曜・水曜・金曜11時30分~13時30分L.O.
18時~22時L.O. 月曜休
カード夜のみ可(5400円以上)

フレンチ、イタリアンのホルモン

百獣の王のお気に入り

今やホルモンは集客装置

ライオンは獲物を捕らえるや、とりあえずホルモン（内臓）に喰らいつく。

日本では「放るもん」扱いされていたホルモンも、もつ鍋ブームを契機として一躍ひのき舞台に躍り出た。ハラミの仕入れ価格はこの一〇年で倍に高騰、急増中のホルモン好き女子は「ホルモンヌ」などと称される。ようやくライオンの味覚に追いついた（？）わけか。今やホルモンは業種業態を超え、堂々たる集客装置となったように見受けられる。

そうした流れを受けてホルモンな実力派フレンチやイタリアンも増えた。

その筆頭格が赤坂「コム・ア・ラ・メゾン」。

裏道に佇むフランス南西部の郷土料理の店で、足繁く通いつめる客は「コムアラ」と呼ぶ。

「今日はコムアラに行くぞ！」と思い立てば、脳裏に串焼きの映像がゆらめいている。わたしにとってコムアラは極上の串焼き屋といっても過言ではない。

正確なメニュー名は「鴨の心臓とピキオ（赤ピーマン）の串焼き」である。鴨は独自ルートで調達したシャラン産。心臓は大ぶりで、焼き上がりは、むっちりとはち切れそうだ。ライオンならずとも「がるるる……」と喉が鳴る。心臓を歯で串から引き抜き、艶やかな表面に歯を立てれば、みずみずしい肉汁と芳しい匂いがあふれ出る。

シンプルこの上ない料理でうならせるのは、涌井勇二シェフの確かな腕と豊かなキャリアあればこそ。ハツ料理の頂点に輝く、神々しいまでの串焼きである。

頭の中はホルモン一色

東中野「ペルバッコ」は権田雅康シェフのカジュアルかつリーズナブルなイタリアン。玉置昌久ソムリエの「アリエッタ」「イル・パラート」で、ワイン好きの食通をうならせたセンスは健在である。

カウンター席は若い人のデート、テーブル席は合コンにも使えそうなしつらえ。スペシャリティは「炙った穴子と舞茸、銀杏のコンソメ仕立て」で、パスタも手堅い。

しかし「今日はペルバッコに行くぞ！」という日、わたしの頭の中はホルモン一色である。電話でしっかり打ち合わせておいた、豪快な大皿ホルモン盛り合わせが自分を待っているはずなのだ。

前菜からしてリードボーのソテー、心臓のグリル、レバーのグリル、トリッパと栗の煮込み、上ミノのタリアータと内臓オンパレードである。おいしいイタリア料理もある（？）ホルモン料理店と書きたいくらいだ。

しかしイタリア料理店のホルモンといえば、小林幸司氏に触れないわけにはいかない。イタリアのミシュラン三ツ星リストランテでシェフを務め、帰国後は「マリーエ」や「ラディーチェ」に招かれ、先鋭的な料理で賛否両論を巻き起こした鬼才である。

独立後は中目黒「アンティーカ　トラットーリア　ノスタルジーカ」と軽井沢「フォリオリーナ　デッラ　ポルタ　フォルトゥーナ」という、とうてい覚えきれない名前の店をひらいた。前者はミシュラン一ツ星を死守し、定番料理は仔羊の内臓炒め煮。一見したところ地味な酒のつまみだが、肺（フワ）、タン、腸、ハツ、腎臓等々を味わい深く炒め煮にしてすこぶる野趣に富んでいた。

女性に媚びたリストランテや子供だましのトラットリアが多い中、潔いまでのオヤジ臭さがしみじみと心を打った。

二〇一五年、小林氏は突如としてこの二軒を閉め、今度は銀座ベルビア館の八階に「エッフェ」を出店した。

ちょっと見、デパートの飲食店街のような立地で、むしろアバンギャルドでさえある氏の料理にふさわしくないとも思える。が、その料理を食べ始めれば結局、まわりの景色はどうでもよくなってしまう。

小林料理の集大成ともいうべき精緻かつ高雅な品々で、しかしモツに対する愛情（偏愛）は確かに脈打っている。結果として、その皿には高踏的ともいうべき、孤高の雰囲気が漂っている。彼の料理を前にすれば、つい背筋が伸びる。

「どうだ、オレについてこれるかい？」

そういった面構えをしているから。

銀座「クロディーノ」は、閉店した「エノテーカ・ピンキオーリ」のハイブローな料理をなつかしむ向きには必見の店。

同店の元スーシェフ丸山孝一氏が料理長を務め、フィレンツェの本店勤務の経験もある元シェフソムリエの黒田敬介氏がフロアを統べる。雑居ビルの六階で、「エノテーカ……」のラグジュアリー感は求むべくもないが、インテリアやカトラリーは銀座らしい華やぎがある。

「シェフのひらめきによってメニューが替わります」と黒田氏は笑うが、シェフの十八番はホルモンではないかとにらむ。

たとえば仔牛腎臓のグリル。北海道産乳飲み仔牛の腎臓を炭火焼きにして、ポルチーニとホワイトアスパラを添えた豪華版だ。その格調の高さと完成度は、東京でトップクラスのフランス料理を含めても疑いなく最高レベルのクオリティである。

ホルモンに賭ける情熱

わが国フランス料理界でホルモンといえば、五十嵐安雄シェフの名は外せない。かつてメニューに「大腸」だの「脳みそ」だのと書いて、いたいけな乙女客をのけぞらせたものであるが、久々に氏の「ル・マノアール・ダスティン」を訪ねると、すっかりホルモン色が薄まっていて驚いた。「いい輸入物が手に入らなくて……」との由《よし》。

看板料理は「人参のムースとコンソメジュレウニ添え」。「ル・マノアール・ダスティン」はあまたの料理人を輩出したが、彼らがこぞって自店のメニューに載せる逸品だ。人参の楚々とした甘みとウニの優しい旨味、コンソメの奥深い味わいのめくるめく響き合い……本家はいまだ弟子たちの追随を許さない。

隠れ看板というべきが突き出しのブーダンノワール。スプーンにちょこんとのせてサーブする。今でこそレア感は薄れたが、五十嵐シェフが出し始めた当初は、「えっ、豚の血と脂のソーセージ!?」と、紳士淑女を狼狽させたものである。リンゴのピュレがブーダンの怪しい風味に甘やかな表情を与え、狂おしい味わい。ホルモンの扱いにかけては天下一品、五十嵐シェフ面目躍如のアミューズだ。

フランス料理のホルモン真打ちといえばフォアグラ。ガチョウを首だけ出して生き埋めにし、たらふく喰わせて肥大させた肝臓……ゆえ、動物愛護者の指弾対象となるのもむべなるかな。とはいえその濃厚にして豪奢な持ち味は他の食材では替え難い。

もっとも日本では上等のフォアグラが手に入りにくく、素直に美味しいと思える料理とは出逢えずにいた。

しかし「ラトリエ ドゥ ジョエル・ロブション」のフォアグラにはやられた。フォアグラ入りハンバーガーなのである。ぱくっと食べればフォアグラが口の中で溶け、ソースの役割を果たしていると気づく。恐ろしく高貴な（かつ高価な）ソースといえる。

実はニューヨークの三ツ星「ダニエル」のダニエル・ブールもディフュージョン版ビストロの「ディー・ビー」でフォアグラ入りハンバーガーを出していた。美食を極めた彼らの行き着いた先がハンバーガーとは、すこし意地悪な皮肉にも思える。

今やフレンチ、イタリアンの実力派入り乱れてのホルモンぶりを見れば、あらためて人間さまがホルモンに賭ける情熱に恐れ入る。百獣の王もしっぽを巻いて逃げる執念ではあるまいか。

コム・ア・ラ・メゾン COMME À LA MAISON
東京都港区赤坂6-4-15
☎03-3505-3345　18時~23時L.O.
日曜休　カード可

ペルバッコ イタリアーノ per Bacco ITALIANO
東京都中野区東中野3-10-3　1F
☎03-5937-4439
12時~15時(14時L.O.)　18時~23時(21時L.O.)
水曜休　カード可

リストランテ エッフェ Ristorante Fèffe
東京都中央区銀座2-4-6 銀座ベルビア館8F
☎03-6228-6206
12時~14時30分(13時30分L.O.)
17時30分~22時(21時L.O.)　無休　カード可

リストランテ クロディーノ ristorante KURODINO
東京都中央区銀座3-4-17 銀座オプティカ6F
☎03-5579-9815
11時30分~14時L.O.　18時~21時30分L.O.
日曜、第1・第3月曜休　カード可

ル・マノアール・ダスティン Le Manoir D'HASTINGS
東京都中央区銀座6-5-1ブリオーニギンザB1F
☎03-5568-7121　11時30分~14時L.O.
18時~21時L.O.　無休　カード可

ラトリエ ドゥ ジョエル・ロブション
L'ATELIER de Joël Robuchon
東京都港区六本木6-10-1 六本木ヒルズヒルサイド2F
☎03-5772-7500
11時30分~14時30分L.O.
(土曜・日曜、祝日は15時L.O.)
18時~21時30分L.O.　不定休　カード可

一軒家レストラン
大人のレトロなテーマパーク

圧倒的なまでの風情

雑誌のグルメ記事を見れば「一軒家レストラン」は大いに紹介の価値があるようだし、「食べログ」でも同名の検索項目がある。

持ち家のことを考えても一軒家はマンションの格上のイメージと思われ、そういうレストランが好まれて不思議はない。

その一方で日本ほど飲食店の「雑居」しているビルが多い国は、香港やソウルなどを含めても類例はあるまい。

それはアジア的な雑居を好むメンタリティと、世界に冠たる安全大国——あの閉鎖的な空間で、裸に近い女性たちが富裕客に酒をふるまう店など、他国では考えられまい——という条件あればこそ、と思われる。

銀座の雑居ビルでひっそりと商っている割烹など、じつに味わい深いものだけれども、たとえば神田界隈の老舗一軒家で鍋を囲めば、その圧倒的なまでの風情に感じ入る。

神田須田町一丁目界隈は奇跡的に戦災を免れ、戦前の粋筋が遊興していた様子がしのばれる。鮟鱇《あんこう》専門店「いせ源」、甘味処「梅むら」、鶏料理「ぼたん」、蕎麦「まつや」など、大正末期から昭和初期の建物で営業が続けられ、観光客も多い。言ってみれば大人のディズニーランド的なエリアとなっている。

たとえば「いせ源」の暖簾《のれん》を潜《くぐ》れば、まずは年配の下足番に迎えられる。恐らく軽口など叩きつつ靴を預けるというお約束自体、エンターテインメント的な仕掛けだったと思われる。古い階段を踏みつつ二階へ上る。窓際の席に通され、あいたガラス窓から流れ入る春風が頬をなでる。鮟鱇鍋を食べようという気分はいやが上にも盛り上がる。

鍋はあっという間に用意される。皮・身・肝の入った鍋は「火が通ったら召し上がれます」との由。私は江戸っ子ではないけれどもせっかちなのでうれしい。鮟鱇は淡泊でいて力強い味わいを備え、獣肉食を禁じられていた江戸っ子にはさぞ珍味だったに相違ない。

「おじやにしたい」と告げると、仲居は生卵の入った器を供し、鍋にご飯を入れて去った。ご飯は固いので箸でほぐし、卵をかき混ぜて鍋が温まるのを待った。

ほどなく現れた仲居はあたかも殺人現場を目撃したかの形相で言った。

「……卵、かき混ぜちゃったの？　それから、ご飯も？」

わたしは女性の担任に叱られた小学生さながら、恥じ入るようにうなずいた。黄身と白身にまだらに火の通った卵、そしてやや固めのご飯こそ、「いせ源」おじやの真骨頂なのだと、そのとき初めて知らされた。

ふつうのレストランならば「先に言えよ（怒）」とも思うが、この歴史的建造物にいればすべてのやりとりが愉しい。おじやは十分に美味しかったけれども、「次回は卵をかき混ぜず、ご飯をほぐさずに食べたい……」と再訪の意志を燃やす自分がいた。

下足番から靴べらを受けとって靴を履き、プチお大尽気分で外に出る。「いせ源」での食事とは一連のストーリーに他ならない。そして一軒家という閉ざされた空間ゆえ、破綻のないファンタジーとして完結される。

浅草のどじょう専門店「飯田屋」も創業明治三五年という老舗で、戦前の下町の風情を今に伝える店である。

飯田屋では「親父の仕事はタレをとることと、下足番」を家訓とし、下足番に靴を預けてストーリーが始まるのは「いせ源」と同じだ。二階建ての店内は上下とも広々としたお座敷で、店内が混み合えば大勢でどじょうパーティをしているような楽しさがある。

どじょう鍋を頼めば、これも速攻で出してくれてうれしい。運ばれるのはどじょうを敷き詰めてダシの張られた小さな鉄鍋、そしてたっぷりの刻みネギを収めた長方形の枡。

鉄鍋のどじょうにもすでにネギがのせられ、主役はむしろネギではないかという見た目である。どじょうは今となっては珍しい天然物で、野趣あふれるとはいえ小さいため食後感は軽い。たっぷりのネギで食べれば、まことに涼味あふれる味わいで、ご飯が進む。

お給仕のオバサンから「ネギのお代わりは？」と訊ねられ、すこし遠慮して「いいえ、けっこうです……」と言うと、まったく想定していなかった答えだという顔で、「えっ、いらないのですか」と半ば詰問調で聞き返された。勢いに押されて「お願いします」と答えると、オバサンは満足した顔で厨房へ消え、あっという間にネギを携えて戻ってきた。

いや、確かにどじょう鍋は大量のネギをのせて食べたほうが旨かった。ネギはどじょうを脅かしかねぬ主役と言ってよいほどの存在なのだった。

食べ終えて大きな暖簾を除けて外に出れば、「ああ、愉しかったな」という気分。大人のレトロなテーマパークの料金と考えれば、どじょう鍋の一人前一五五〇円はすこぶるお得ではあるまいか。

やたら偉い人になった気分

一軒家レストランは下町や郊外、地方の専売特許とも思われるが、東京の高層ビル街でも一軒家チックな風情を味わうことは可能だ。

たとえば日本橋コレドの「サンパウ」。

いちおう日本橋コレド「アネックス（別館または離れ）」と謳っている建物内で、テナントは「サンパウ」だけなので一軒家といって差し支えあるまい。

オープンキッチン横のドアをあければ、一階はレセプション。二階のバーカウンターを備えたウエイティングコーナーに案内され、ダイニングは大きないかめしいドアの向こう側という物々しい構造。

広々とした空間でテーブルは大きく間隔をあけて配され、ハード面では東京でも有数の贅沢さといっていい。

本店はスペイン・バルセロナ近郊の楚々とした一軒家で、シェフのカルメ・ルスカイェーダ女史がミシュラン三ツ星を死守している。

東京の「サンパウ」は二ツ星。東京は「世界でもっとも星の多い街」となってしまい、今一ツ星のありがたみに乏しいが、二ツ星といえば本来は相当の高評価で、実際その価値は十分にある料理だ。

ランチはたとえば一万円未満（九千円）のコースでも、ひとくち前菜三品からスタートして、前菜、魚料理、肉料理、お口直しの氷菓、デザート、お茶菓子一〇品(!)、食後のお飲み物……という構成。

こう書いているだけでも息が切れるが、その一つひとつが創意にあふれ、素直に美味しいと思わせる点、凄いと言わざるをえない。

プレゼンテーションは緻密なることダリのごとし、愉快なることミロのごとしで、お国の巨匠が思い浮かぶ芸術性を備える。

サービスも丁寧で、記念日のお祝いに打ってつけ。店に入って出るまでの流れがすこぶるきれいな、至上の一軒家（チックな）レストランといえる。

翻って「和」の一軒家チックといえば、丸ビル最上階の「招福楼 東京店」。本店は言わずと知れた東近江・八日市の名料亭（もちろん一軒家……笑）。

ご当主のご令嬢が女将を務め、「招福楼」きっての腕利きが料理長ゆえ、決して「支店」の扱いではない。

玄関で靴を脱ぎ、個室に通されれば、もはや現実は遠い彼方。遙か下界に東京駅の屋根が見え、やたら偉い人になった気分。

ランチは一万円未満のコースもあるけれど、懐に（すごい）余裕があれば三万円という料亭価格のコースをお薦めしたい。

その季節で最高の素材が熟達の技術で調理され、格調高い料理に仕立てられる。

まずお造りからして、そのやや厚めで味蕾《みらい》に旨味の伝わりやすい切り方にうならされる。とくに焼き物の火の通し具合は驚愕ものだ。鮎などしっとり感と香ばしさを見事に両立させた焼き具合で、ばちこ（干したナマコの卵巣）にいたっては、その火入れの精妙なること、至芸といえるほど。

小品といえどもこまやかな心遣いが行き届いていて、「東京にこれ以上おいしい日本料理店、あったかな？」とさえ感じさせる。

着物姿の女性スタッフに見送られ、丸ビルのフロアに出れば、今までの豊かな時間が淡い夢だったかのように思われる。
心と身体をいっとき異次元に遊ばせられる、究極のバーチャル一軒家だ。

いせ源　本館
東京都千代田区神田須田町1-11-1
☎03-3251-1229
11時30分〜13時30分L.O.　17時〜21時L.O.
カード可

どぜう飯田屋
東京都台東区西浅草3-3-2
☎03-3843-0881
11時30分〜21時L.O.　水曜休　カード可

レストラン　サンパウ　RESTAURANT SANT PAU
東京都中央区日本橋1-6-1 コレド日本橋ANNEX
11時30分(土曜・日曜、祝日の場合は12時)〜13時30分L.O.　18時〜21時L.O.
月曜(中心に月6日間)休

招福楼　東京店
東京都千代田区丸の内2-4-1 丸ビル36F
11時30分〜15時　17時〜23時(日曜、祝日は22時まで)
不定休　カード可

美味しい野菜料理

食評論家泣かせの難問中の難問

今どき珍しい肉食オヤジなもので……

「食評論家」なぞという肩書で仕事をしていれば、しばしば雑誌やテレビから無理難題、もとい、珍問奇問、もとい、返答に窮するようなお題を押しつけられる。

いわく「五二五〇円以下のディナー」

いわく「三カ月以内のニューオープン」

いわく「女性が一人で入れる店」

いわく「かっこいい隠れ家」

いわく「イケメンシェフの店」

いわく「取材拒否の店（笑）」

……といった質問はまことに悩ましい。まあ、こういうジャンルを得意とする専門家もいるらしいが、わたしは関心がない。

なぜなら「〈安いものに美味いものなし〉と考え、〈時間の淘汰に耐えた店〉を敬い、〈一見客が尻込みするようなオーラ〉を尊び、〈名店は隠れない〉と思い、〈美しい料理人に名人はいない〉と信じ、〈取材やレシピ公開の拒否は自信のなさ〉と感じる」人間だからである。

とはいえ仕事なので無理にでも探し出したりはするが、難問中の難問といえば、「野菜の美味しいレストラン」だ。

「野菜が喰いたけりゃ、家で喰えば済むだろ!」と言いたいのをぐっとこらえ、「いやあ、わたしは今どき珍しい肉食オヤジなもので……」と笑って断る。

現実にレストランは常に「肉」で選ぶ。肉料理こそレストランの醍醐味である。

しかし……。

肉を食べに行きながら野菜で感動

年齢のせいなのか、シェフの腕がよいのか、クオリティが向上したのか……きっとそのすべての理由で、「肉を食べに出かけたつもりが、野菜で震えた」ケースが増えた。そういうレストランは実際にえらく繁盛しているし、〝今〟という時代性を感じさせるものがある。

その筆頭〝株〟が、西麻布「レフェルヴェソンス」の〝蕪《かぶ》〟料理。

困ったことに（？）「女性が一人で入れる」「かっこいい隠れ家」で、かつ「イケメンシェフの店」である。さらに生江史伸《なまえしのぶ》シェフの経歴は誠にきらびやかである。国際基督教大学高等学校→慶應義塾大学法学部政治学科→「ミシェル・ブラストーヤジャポン」（三ツ星）で修業・スーシェフ→「ミシェル・ブラス」（フランス・ライオールの本店・世界的カリスマの店で、当然三ツ星）→「ザ・ファットダック」（三ツ星・おそらく世界でもっとも予約が取れない店）でスーシェフ。

そして「レフェルヴェソンス」はミシュランでも二ツ星をゲットしたし、「これ以上持ち上げてどうする？」とも思うが、やはり「蕪のロースト」は褒めたい。

言ってみれば、ただ蕪を焼いただけの料理であるが、低温のオーブンで出し入れしながら、実に四時間かけて火入れしている。

ギリギリまで熱せられながら味わいのみずみずしさが際立ち、どこか、かぶらの椀物をいただく風情がある。

他にもいろいろと今風の料理を供してはいるが、わたしは「次はいつ、生江くんの蕪を食べに行こうか……」としか考えていない。

「ラ・ボンヌターブル」は日本橋のコレド室町2内にあるレストラン。

実は生江シェフがプロデュースを手がけ、「レフェルヴェソンス」のスーシェフだった中村和成氏がシェフを務める店である。「生産者とお客さまの距離を縮める」をコンセプトに掲げ、全国各地から集められた食材がテーブルに運ばれる。

やはり出色というべきは「野菜」。料理は肉料理を含め総じて高い水準を保っているが、付け合わせの野菜にいちいち反応してしまう自分がいる。

そして「こいつはやられた」と思ったのが、玉ねぎのスープ。ウエイトレスに「どういう味つけをしているのですか」と訊けば、「玉ねぎの他には何も加えていません」と胸を張る。素材本来の味だけでこれほどまでにエレガントな甘みが表現できるとは、ただひたすら天の恵みと中村シェフの力量に感謝するほかない。

「ラ・ボンヌターブル」に行こうと思い立ったとすれば、きっと美味しい野菜と出逢いたいがためで、その意味でわたしにとってきわめてまれなレストランである。

食べれば食べるほど身体が喜ぶ

野菜料理の記事を書くのに気が進まぬ大きな理由の一つに、東京では美味しい野菜が手に入りにくいという事情もある。そこでガチで野菜が印象に残ったレストランといえば、いきおい話は地方に飛ぶ。

たとえば長野県茅野市（蓼科《たてしな》）の「シーダーヴィラ」。別荘地「チェルトの森」に佇むペンションで、一日にひと組しか予約を取らないポリシー。そのためプライバシーも完全に保たれ、訳ありな都心のカップルの利用も多そうである（と妄想）。

ほとんど事前情報のないまま出かけたので、正直、料理にはあまり期待を抱いていなかった。しかし出合い頭のカウンターパンチというべきが、食卓に並べられたとれたてのトマトとトウモロコシの山。これがもう、デザートというくらい甘いのである。食べれば食べるほど身体が喜ぶ感じ。

料理も余計な手間はかけず、素材に語らせる素朴な品々だった。訊けば、ご主人は元大手の証券マン。都会で働き、生活した経験あればこそ、都市生活者がよろこぶツボを心得ている。

屋根の高いジャクージ付きの風呂に漬かり、窓の外から吹き込んでいる秋の風が頬をなでれば、久しく忘れていた幸福感がふつふつとわき上がる。

翌朝は焼きたてのトーストに、自家製のブルーベリージャムをぬって。コーヒーも美味しい。そのシンプルさがこの上なく心地よい。野菜、というよりも「自然」に癒やされる宿といえようか。

渋谷「ラ・ブランシュ」は個人的には日本でもっとも好きなフランス料理の一軒で、まさしく「時間の淘汰に耐えた店」。

一九八六年の開店当初に伺って以来、わたしの青春（と中年）はこの店とともにあったといって過言ではない。

田代和久シェフはみずから「ジビエの季節は一年のうちでも限られている。自分の人生であと何回、ジビエが料理できるか……」というほど、肉料理に賭けている。が、「ラ・ブランシュ」で食べていつも心震えるのは結局、野菜なのである。

フォアグラといえば、洋なしやイチジク、リンゴなどの果物を合わせるのが定番だ。フォアグラはつまるところ「脂の塊」でしかないので、どう調味するかがすべてである。「脂+糖」の組み合わせにすれば、ゴージャスなること、めくるめくばかりの味わいになる。

ところが田代シェフが合わせるのは、タケノコ。タケノコは少し焦げ目をつけて歯触りよく焼いてあり、フォアグラの味わいと見事なコントラストをなしている。いわば濃厚なフォアグラの「箸休め」の観もあるが、逆にフォアグラはタケノコの味を楽しませるソースの役割とも感じられる。

以前、田代シェフのジビエ料理を堪能した折、もっとも感動したのが、その脇にチョコンと添えられた衣かつぎだったのを思い出す。油まみれの俗世から超然とした、その飾り気のない佇まいは、田代シェフのようであった。

レフェルヴェソンス L'Effervescence
東京都港区西麻布2-26-4
☎03-5766-9500
12時～16時(13時30分L.O.)
18時～23時30分(20時30分L.O.)
月曜を中心に月6日休　カード可

ラ・ボンヌターブル LA BONNE TABLE
東京都中央区日本橋室町2-3-1 コレド室町2 1F
☎03-3277-6055
11時30分～13時30分L.O.　17時30分～21時30分L.O.
無休　カード可

シーダーヴィラ Guest House Cedar Villa
長野県茅野市豊平チェルトの森 鳴岩2-1-7
☎0266-71-6226
無休　カード不可

ラ・ブランシュ La Blanche
東京都渋谷区渋谷2-3-1 青山ポニーハイム2F
☎03-3499-0824
12時～14時L.O.　18時～21時L.O.
第2・4火曜・水曜休　カード可

スターシェフ
人気の上にあぐらをかかない

「別にぃ」といった感想

それは、一九九四年のこと。

六年ほどニューヨークで暮らして帰ったとき、いわゆる逆カルチャーショックのたぐいに悩まされた。テーマを「食」一つに絞っても書き切れないほどだが、とりわけ非常な違和感を覚えた現象があった。

すなわち、「シェフのスター化」。

今でこそ世界中で有名シェフがセレブ扱いされるご時世となったが、一九九〇年代の前半まで、少なくともニューヨークでシェフといえば高級レストランを使うごく一部の人間の関心事でしかなかった。

日本では前年の一九九三年一〇月にテレビ番組『料理の鉄人』の放映が開始され、なおのことスターシェフブームが勢いづいていた。『ｄａｎｃｙｕ』『料理王国』『専門料理』

といった専門誌を見れば、スターシェフが一様にコックコート姿で腕組みし、その扱いたるや戦国の名将か大戦の英雄か……という異様さであった。

さらに異様なのは、そうしたスターシェフのレストランに行ってみれば、おしなべて「別にぃ」といった感想しか持ちえなかった点。

この現象はにわかアメリカかぶれ（＝わたし）を大いに混乱させた。わたしは処女作の『レストランで覗いた ニューヨーク万華鏡』を上梓し、これからはウイングを広げて政治も経済も論じてやる……と思っていた矢先だったが、とりあえずこの現実に一石を投じねばと義俠心（?）を燃やし、執筆テーマを「食」に絞ったのだった（ていうか、それしか仕事の依頼はなかったのだった……）。

それからというもの、単発や連載の記事でなるべく有名シェフのレストランを俎上に載せ、（じつは）毒舌を吐いてきた。またニューヨークの人気辛口ガイド『ザガット』を翻訳したのもその願いからだった。

日本の異様ともいうべきスターシェフブームの流れを変えたのは、二〇〇七年の『ミシュラン東京』発行だった。おそらく最大の功績は国民に「……スターシェフの店、一軒も入っていないじゃない」と気づかせたこと。

鉄人も巨匠も名人も片っ端から「落選」し、二〇〇七年を境としてシェフをスターにまつり上げるにしろ、メディアはとりあえず『ミシュラン』にチェックを入れるようになった。

また「食べログ」のような評価サイトや、個人のブログ、ツイッターといったネット情報の貢献も大きいと思われる。

で、そのミシュランが信用できるか否かは面白すぎる話題ゆえ、また別のテーマで述べようと思うが、いずれにせよ帰国直後の私が覚えた違和感は劇的に薄れている。

帰国した一九九四年といえばたいそうな「イタメシ」ブームで少なからぬスターシェフがいたが、大半は時代の淘汰に耐えられず、今は概ね二〇〇〇年前後に頭角を現したシェフたちがスターとして業界に君臨している。

人気に衰える気配がない

目下、イタリア料理のスターシェフといえば、まず「アロマフレスカ」の原田慎次氏ではあるまいか。予約のとれないイタリア料理店の筆頭といえ、ミシュランでも一ツ星をキープ。食通とミーハーを問わず、日本中からお客のやってくる繁盛店だ。

場所は銀座通りに面した洒落たビルの最上階で、飲食店としては双六《すごろく》の上がりともいうべきロケーション。この日も「やっと来れた……」といった、頬を紅潮させた客（おおむねカップル）がエレガントなダイニングルームを埋めていた。

もっとも「アロマフレスカは一日にしてならず」。彼が渋谷川の河畔で田沢浩メートルと共同経営の小さなお店をひらいたのは前世紀末のこと。

メニューのみならずワインリストも手書きで、その手作り感も好ましいお店だった。わたしがこの店を知ったのは確か田中康夫氏の『いまどき真っ当な料理店』で、じっさい彼がA嬢かB嬢かX嬢かと食事している姿を見かけたものである。その後のサクセスストーリーを考えれば、氏のアロマフレスカ〝発見〟は炯眼《けいがん》という他ない。

銀座に栄転した今なお料理もサービスも秀逸で、むしろ広尾時代とくらべて格段に洗練され、貫禄さえ備わって見える。

原田シェフは海外での修業歴をもたないが、日本の食材を活用して日本人の味覚に合った料理を供している点、すこぶるクレバーな方向性だと感じる。この日もたらば蟹、穴子、冬瓜、甘鯛、地蛤……と、和食さながらの食材を用いつつも都会的な洒脱さは失わなれない。

カップルだらけの店内でめずらしくファミリー客がいると思ったら、「リストランテ濱﨑」の濱﨑龍一氏一家だった。

濱﨑氏も原田氏も（世間一般の「スターシェフ」と違い）、テレビ出演やらゴルフやら愛人との密会やらで店をあけることのないまじめ人間。この日、「リストランテ濱﨑」はお盆休みの最終日で、一家は料理修業中のご子息の勉強も兼ねた会食だったと思われる。

「リストランテ濱﨑」のオープンは二〇〇一年。その前は「リストランテ山﨑」という一字違いのお店でシェフを務め、すでにして実力派の評判をとっていた。

満を持してひらいたお店は青山の路地裏で、隠れ家の風情をもったスタイリッシュな一軒家レストラン。

それまでイタリア料理店といえばテーブルに赤白チェックのビニールクロスが敷かれ、その卓上には藁で包まれたキャンティのボトル、店内に漂うのはカンツォーネとトマトソースの匂い……というイメージだった。

しかし「リストランテ濱﨑」は珠玉のようなアンティパストたちをワンプレートにあしらった少量多品種の構成。オープン当初「モデルハウスみたい……」と嫌みを言う輩《やから》もいたインテリアもだいぶ落ち着き、その都会的なコンセプトはあまたの追随を生むに至った。

この日、印象に残ったのはポルチーニのパスタ、鹿児島黒毛和牛のイチボ、お店の看板ドルチェというべきカスタードプリンだった。メリハリの効いた味わいが魅力の品々ゆえ、これからは品数を減らしてその分、一品、一品のインパクトを強めてもよいのでは……とも感じさせた。

昨今はイタリアで最先端の料理を習った若者達が帰国し、尖った店もふえた中、かつての新味が薄れてきたとしても致し方あるまい。あるいはスターシェフとなった今も厨房に詰め、ふらふら遊び歩かぬライフスタイルがやや料理の幅を狭めているかもしれない。

とはいえお店を愛してやまないリピーターも多いため、おいそれとはスタイルやテイストを変えられまい。だいいちレストランの人気に衰える気配はない。

料理人を目指す若者ならば、愚直ともいえる濱﨑氏の姿勢をこそ見習うべきである。最後に笑うのは、こういう男にちがいないのだ。

スタッフはなぜか若い美男子

イタリア料理界におけるスターシェフの三人目は「ドンチッチョ」を率いる石川勉氏。一般客のみならず同業者の評価も高い第一人者である。

前世紀末、氏が外苑前でひらいた「トンマズィーノ」の衝撃は大きかった。皿の上でむせ返るようなイタリアが匂い、スタッフはなぜか若い美男子たちで口角が上がっていた。そして内装は死にそうなくらいショボかった。

なので渋谷で瀟洒な佇まいの新店としてオープンしたときはうれしかった……が、繁盛しすぎて事実上の予約不能と化した(涙)。

ようやく加熱ともいえた狂騒は落ち着き、久々に「ドンチッチョ」の客となる。

看板メニューの「いわしとウイキョウのパスタ」はイタリアのオーセンティックな味わいを伝えつつも、日本人の味覚のスイートスポットを突いてくる味わい。さすが。

石川門下からは少なからぬ才能が巣立ち、自店でこのメニューを供してはいるが、師匠とは天地ほどの差がある。

石川氏はシチリア料理の腕前で知られるが、じっさい三年の滞伊中、パレルモにいたのは一年。渡伊前は知る人ぞ知る名店「ラ・パタータ」で四年も勤め、帰国後もマダムの個性的な接客で知られた（？）「クッチーナヒラタ」で働いている。

すなわち「繁盛のツボ」を心得ているのである。いや、「人気の上にあぐらをかかない」という、三人のスターシェフに相通じた美質こそ繁盛の秘訣と他なるまい。

アロマフレスカ Aroma fresca
東京都中央区銀座2-6-5　銀座トレシャス12F
☎03-3535-6667
11時30分〜13時L.O.（水曜・木曜・金曜）
17時30分〜20時30分L.O.
日曜、第1月曜休　カード可

リストランテ濱﨑 RISTORANTE HAMASAKI
東京都港区南青山4-11-13
☎03-5772-8520
12時〜14時（木曜〜土曜）　18時〜21時30分
日曜、祝日の月曜、年末年始休　カード可

トラットリア・シチリアーナ・ドンチッチョ
Trattoria Siciliana Don Ciccio
東京都渋谷区渋谷2-3-6　SGSSSビル1F
☎03-3498-1828
18時〜24時L.O.　日曜、祝日の月曜休　カード可

今どきの和食のかたち

キーワードは「まじめな店主」

「和食」志望が減るワケ

この国のグルメブームは勢いづく一方で、もはやテレビという媒体を完全に乗っ取ったかに見える。チャンネルをひねれば（……もとい、リモコンを押せば）、箸でつまみ上げられた料理の大写しやら、しゃべれぬほど食べ物を頬張ったタレントのドアップやらで、文字どおり食傷している。

日本人がそれほど食に関心をもち、造詣が深いのかといえば大いに疑問である。わたしは仕事柄、フランス料理店から立ち食い蕎麦屋に至るまで、つい客の顔をしげしげと眺めてしまう。そして日本人ほど無造作というか、ほとんどつまらなそうに食事をする国民はいないのではないか……と思っている。

欧米の連中は全身から幸せオーラを発して喰いまくっているし、東南アジアの屋台で丼を抱える庶民の顔は喜びに輝いている。

ではなぜここまでグルメブームは過熱しているのか？　答えはシンプルで、「金をかけずに無難な番組が作れるから」である。

わたしも多少はテレビの現場を知っているが、番組用に料理を用意してくれた飲食店に対して支払われる額は極めて些少（またはゼロ）である。むしろ店側としては莫大な宣伝効果を目論《もくろ》むがゆえ、タダでも結構という心づもりがある。そしてタレントたちの「美食家と思われたいニーズ」は存外に強いと見え、グルメ系の番組や雑誌には、格安のギャラでホイホイ出てしまったりする（……ので、わたしのような者の出番がない）。

まあ人間であれば必ず食べるし、日本人が食べるもの（または食べたいと思うもの）は大差ないので、親しみのもてる番組が作りやすいというメリットもある。

テレビ番組の作り手にとってグルメ番組はすこぶる「美味しい」のである。その結果として「作られたスターシェフ」がはびこり、胡散臭い料理で客を煙に巻いている。料理学校の生徒もイメージ先行で、「シェフ」や「パティシエ」の人気が高く、「和食」志望は減るばかりだと聞いた。

不利この上ない立地と誰が店主？

そうした逆風を受けながらも、果敢（？）にオープンした和食店には、すでに繁盛している、あるいは繁盛の予感を抱かせる店が少なくない。共通項は「まじめな店主」。

西五反田「なかのや」は〝金ちゃん〟こと金城毅氏の寿司店。目黒「いずみ」にいた〝金ちゃん〟と聞いてピン！とくる人は、なかなかの食通である。「いずみ」のご主人は希少な食材にこだわり、見たことも聞いたこともないネタで客を圧倒するのが趣味である。彼は断固マスコミ登場拒否で、その拒みようを見ていると、知られたくない理由でもあるのか……と邪推さえするが、出たがりの多い中にあって天晴な姿勢である。

金ちゃんはその店で、つねに清々しい微笑を湛え、黙々と寿司を握っていた。ご当主が引いてくるマニアックなネタを、シュアな寿司に仕立て上げる力量には、なかなかのものがあると感じ入った。

このたびオープンしたのはブランド力のあるアドレスでもなく、むしろ近所にコンビニさえない、飲食店として不利この上ない立地である。地元密着型の寿司屋に居抜きで入ったらしい、まったく飾り気のない店。ランチはご近所向けにありきたりのセットメニューを出していて、そういうところがまことに彼らしく、俄然、応援したくなるのである。

「いずみ」に比べるといい意味でフツーの寿司であるが、つまみ、椀物、にぎりと続く流れに破綻がない。おそらく誰が食べてもフツーに美味しいと思えるという意味で、決してフツーでない寿司屋である。

青山「太月」の店主はまだ三〇代半ば。はじめて入店した客は誰が店主なのかわからないのではないか、という若々しさである。

若々しくはあるが、いい意味で初々しくはない。その物腰や料理は落ち着いていて、浮ついたところがない。話してみると、料理や経営のことを真摯に考えているとわかって、頭の下がる思いがする。

お造りは厚めに切っているが、口の中で美味しいと思う大きさを知悉しているなと感じさせる。

もっともインパクトが強かったのは、ごまふぐの白子を炭火で焼いて、酸味のある熱い餡で食べさせるひと皿。思い切った酸味のおかげで、しっかりパンチが効いているし、蒸し暑い宵でも食べやすい。

〆は鰻の細切れをまぶして釜で炊き上げたご飯。日本人だったら誰だって喜ぶのではあるまいか。

たくさん作ってくれたので食べ残してしまったが、目の前で竹の皮に包む「おみや」にしてくれ、またその手際がよいものだから、ちょっとしたパフォーマンスに見える。

デザートはカボチャのプリン、わらび餅、蜂蜜のアイスの可愛い三点盛りで、女心をわしづかみにする（？）心憎さ。

まったくパトロンもなく、一から築いた自分の城である。応援するのなら、こういうお店でなければ。

この国も捨てたものではない

新宿区荒木町も期待新星の急増エリア。

まずは「懐石 大原」。

店に一歩踏み入れば、空気感のきれいさに感じ入る。ご主人は目白の名店「和幸」で十数年の長きにわたって修業。まさに満を持してのオープンである。

少量多品の懐石コース一本であるが、どの料理にも名店仕込みの技と品格が見て取れる。和え物や煮こごりのような小品では、細工の細かさにうなった。焼き魚はタカベで、ふっくら、しっかりと焼いてあって、ただならぬ腕の冴えが感じられる。お椀や皿はよく吟味されており、スプーンや楊枝入れもきれいな錫製のものを使っていて気持ちがよい。「なかのや」が演歌だとしたら、ここはクラシック。ややマニアックにいえば、カール・ベーム指揮ベルリン・フィルの演奏によるモーツァルト後期交響曲を思わせる端正さ(?)。

予約はすでに困難だが、こういう店がきちんと評価されるのだから、いやはや、この国も捨てたものではない。

お次は「ドミニク・コルビ」。

滞日歴の長いコルビ氏が「フレンチ割烹」と銘打って開いた店だ。

家紋のついた暖簾を潜れば、「イラッシャイマセ」というコルビ氏の声。料理は「純和式」の品々が続き、「鴨ニ賀茂茄子ヲ合ワセマシタ」といったオヤジギャクまでちりばめる。

ただしメインディッシュの鴨は一転して「あちら式」となる。何しろコルビ氏はパリのトゥールダルジャン本店副総理長を務めた後、一九九四年から東京のトゥールダルジャンでエグゼクティブシェフに就任……というキャリアの持ち主。「ドミニク・コルビ」の鴨もそこはかとなくトゥールダルジャンの面影を湛える。フランス料理の王道を往《ゆ》くおもむきのカット、火入れである。〆は帆立のリゾット。プチフールはカヌレで、さすがの味わいだった。

氏はどちらかといえば接客に専念しているが、その間合いや、自然で優しい心遣いには、フランス料理が自国の文化であるがゆえの、貫禄が感じられる。「お・も・て・な・し」とは何か、言わず語らずのうちに教わる心地がする。

じつにいい店ができたものだ。「江戸とパリの邂逅」ともいうべき、四谷荒木町ならではの粋である。

お上品そうに見えて破天荒

今回のトリは、焼き鳥。

銀座「たて森」は仕事帰りのサラリーマンが上司の悪口を肴に、腕まくりして喰らうアレ、ではない。細身のグラスに注がれたスプマンテなどいただき、妙齢のご婦人と愛でたい「和食」である。

レバーの刺身などバターのような舌触りで、自然な甘みも悩殺的。焼き物も神経の行き届いた火の通し具合で、酒を飲まない私も「料理」として楽しめた。

出色は〆の「肝めし」。白いご飯に肝が「これでもか！」とのっけられ、こいつをかき混ぜて食す。お上品そうに見え、けっこう破天荒さもある面白い店だ。

店で使っているお皿は、「森」という漢字をデザイン化した模様で、実は店主のまだ小さいお子さんの描いたものである。

と聞いて、一発でこの店を応援したくなった。

世のグルメブームをよそに、実力ある和食店のニューオープンが相次いでいる。願わくば、彼らが「スターシェフ」になどならないように……。

なかのや
東京都品川区西五反田6-22-11 1F
☎03-6417-4180
18時〜22時30分　月曜休　カード可

日本料理　太月
東京都港区北青山3-13-1 北青山関根ビルB1F
☎03-6450-5991
11時30分〜14時（13時L.O.）　18時〜23時（21時L.O.）
日曜、祝日休　カード可

懐石　大原
東京都新宿区荒木町1 なかばやしビル2F
☎03-6380-5223
水曜・土曜12時〜13時L.O.　18時〜20時L.O.
日曜、祝日休　カード可

フレンチ割烹　ドミニク・コルビ
東京都新宿区荒木町9-7 ナオビル1F
☎03-6457-8899
18時〜21時30分（要予約・コースメニューのみ）
21時30分〜24時（アラカルト可）
不定休　カード可

たて森
東京都中央区銀座2-14-8 伊藤ビル1F
☎03-6278-7759　18時〜23時（22時L.O.）
日曜、祝日休　カード可

一生涯を貫いたレストラン
世の中で一番楽しく立派なこと？

マダムの一筋縄ではいかないキャラ

「福沢諭吉の心訓」では、その冒頭に次の文言が記されている。

「世の中で一番楽しく立派な事は、一生涯を貫く仕事を持つという事です」

それこそ誠に「立派な」文言ゆえ、古い書物でも新しいブログでも、福沢先生の有り難い教えとしてしばしば引用されてきた。

が。この心訓、偽物らしいのだ。

福沢諭吉研究の第一人者である富田正文博士は、すでに一九六二年の段階で「贋作」と断じている。

博士によれば「文體は明らかに現代文で、福澤の明治時代の文章とはハッキリ違っている。もちろん、福澤の書いたものではないし、福澤の文章の中から拾い出したという形跡も見當らない」。

博士も書いてある内容自体は「いずれも立派な訓えで誠に恥ずかしからぬ文言」と考えているが、「惜しいことにその作者は自分の名の代りに福澤諭吉の名を借りて來たばかりに、自分の創作した訓えの一つにそむく結果となってしまった。その訓えとは」……その訓えとは？

「世の中で一番悲しい事はうそをつく事です」。

私が福沢先生の創られた大学に入学した頃、博士による福沢研究といった名前の講義があった。こういう洒脱な先生の授業なら履修したかったな……とも思うが、そもそも大学には仲間の顔を見に行っていたようなものだから無理な話。

ただ、なぜこのようなことを長々と書いたかと言えば、わりあい最近まで、私自身が「心訓」を福沢先生作と信じ、「立派な」お言葉だな……と思っていたせいである。

そして「一生涯を貫く仕事」という言葉を飲食の世界に当てはめてみれば、どうにもセンチメンタルな心地となる。

拙宅の隣にあったステーキ店「マウンテン・デュー」は先般、三〇年に及ぶ営業を終えた。シェフがステーキを焼き、マダムが客をもてなす（……のはずなのだけれど、決してサービスの評判は芳しいとは言えなかった）、いつも常連でにぎわっている店だった。

私は三〇年間にわたってこの店を見続けてきたが、お二人は「ほぼ一生涯」を貫いたというか、誠に天晴《あっぱ》れなレストラン人生といえ、様々なシーンが思い出される。

あれは十数年前、（あの頃はまだ可愛かった）愚娘が小学校から帰ってきて、（いつものように）鍵を忘れて途方に暮れていたら、店のマダムが「マンションの子でしょ？　ウチに寄ってらっしゃい」と声をかけてくれ、店内で休ませてもらったのである。常連のあいだではむしろ無愛想で有名だったから、人柄とサービスの関係というのも、なかなか奥が深い。あるいはオーナーにしかできない気遣いである。今にして思えば、お店の繁盛は肉の旨さもさることながら、マダムの一筋縄ではいかないキャラにあったのかもしれない。

むしゃぶりつきたい衝動

「アピシウス」の故高橋徳男氏といえばフランス料理好きでその名を知らぬ者はいまい、というほどの名シェフ。疑いなくレストランを、一生涯を貫く仕事とされた方だった。日本の高級店の代名詞ともいえた「アピシウス」を辞め、下町・神田に開いたのはパイとスープの店「パ・マル」。周囲はその真意を測りかねたが、やがて六本木ヒルズが開業すると、同じ名前でレストランを出店。ここでは本格的なフランス料理が供され、氏のファンや好事家を喜ばせた。

これも十数年前、また愚娘の話になるが、家族でその店を訪ねたとき、スタッフは大人用のいすを引いて、彼女を座らせた。

するとどこからともなく、コック帽を被《かぶ》ったままの高橋氏が現れ、膝掛けを四つ折りにして、いすの上で整えた。

「お嬢さん、この高さなら大丈夫かな」

高橋氏は愚娘を抱えていすに座らせ、うれしそうな彼女を見て優しく微笑した。そして風のように厨房へと去って行った。

優れたサービスは誰よりもオーナーによってなされるものなのか……。そう、深く感じ入ったのを憶えている。

ご近所の「とんかつ三金」も数年前、常連やとんかつフリークに惜しまれつつその歴史を閉じた。「三金」のヘビーユーザーとしてこの閉店はこたえた。女と別れるのと同じで(?)、時間がたつにつれ、喪失感が大きさを増す感じ。

そう感じたのは常連客や、きっと店のスタッフも同じだったと見え、閉店から一年ほどして、前の店の近くで営業が再開された。だいぶ狭くなった店内で、しかし前と変わらぬ歩調で皿を運ぶ中年ウエイター氏を見たとき、(べつにゲイじゃないけれど)むしゃぶりつきたい衝動に駆られたものだった。

脂身の部分をカットして出す「しんころロースカツ」や、カツの厚さと旨味がたまらぬ「上カツ丼」も健在。ジャンボ海老フライや牡蠣フライなど、銀座のいわゆる老舗も顔色をなくす出来映えで、「洋食」ジャンルにおいてなされた一つの到達を見る思い。

そう思うのは私だけでないと見え、今や午後六時前にして席の埋まる盛況ぶりだ。

「とんかつ三金」がお店のスタッフにとって「一生涯を貫く仕事」であるよう、切に祈っている。

父子の仲むつまじい光景

荻窪「ピエモンテ」の革島宏男氏は、凄絶ともいえるレストラン人生を全うされた。「ピエモンテ」は一九七〇年代、革島宏男氏と奥さまの開かれた、カウンターだけの小さなお店で、荻窪駅から徒歩で二〇分という立地にもかかわらず、国内外のセレブ客を魅了してやまぬ店だった。

富裕な家に育った革島氏は戦後、海外で働きたい一心で、外国船のコックとなった。パンやデセールを含むフルコースの作れる料理人はまれな時代で、氏は当代一の高級レストランといわれた、「レストラン麻布」に請われてそのシェフに就任。政財界のお歴々、長嶋茂雄や王貞治などスポーツ選手、三島由紀夫ら文人の贔屓するところとなった。

その門下からはオーベルジュの草分け「箱根オー・ミラドー」の勝又登氏、中田肇氏や善養寺明氏ら「ホテルオークラ東京」の歴代総料理長など錚々たる面々が巣立ったが、氏はマネジメントの不条理さに嫌気がさして辞職。街場のレストランの主人という生き方を選択したのだった。

ご両親の背中を見て育ったご子息・宏一氏も料理人の道を選ぶ。イタリアで本格的な修業を収め、一度は「ピエモンテ」の厨房に入るも、お父上と衝突して辞めてしまわれた。その後、白羽の矢が立てられ、銀座の高級リストランテのシェフに就任。人もうらやむ成功を収めたけれども、あろうことかお母さまの急な訃報に接す。

憔悴しきったお父さまを見かね、宏一氏は再び「ピエモンテ」の厨房に立つ。いつもは店の二階で静養している宏男氏も、昔なじみの客が見えられると息子といっしょに厨房に立ち、得意のニョッキを振る舞っておられた。

おそらくお母さまがひそかに夢見られていた、父子の仲むつまじい光景が続いたのはわずかの間だった。奥さまの後を追うようにして宏男氏は亡くなられ、宏一氏は「ピエモンテ」を閉じた。氏の葬儀に参列をさせていただいたが、その華やかなキャリアからすれば意外なほど、ささやかなお式だった。

そして「ピエモンテ」は復活する。

宏一氏は今、荻窪駅南口のビル地階で、ぐっとリーズナブルなイタリア料理を提供している。パスタランチを目当てに奥さま方やＯＬの集まる光景に、往年の閉鎖的ともいえる敷居の高さは微塵も感じられない。

しかし前もって予約しておけば、氏が先代から受け継ぎ、イタリアで磨き上げた、リストランテ料理の味わいを楽しむことができる。先代譲りの品々（鶏レバーのパイ、オマール海老の冷製スープ、ピエモンテ風エスカルゴ）は昔からのファンならば感涙必至。

その一方でいか墨のソースで鯛を食べさせる趣向や、ビーフのピカタとポルチーニのとりあわせなど、野趣の中に確かな技量やセンスがうかがえる。圧巻はレモンのタルト。酸味と甘みのパンチが効き、東京イタリアン屈指のドルチェと呼びたい出来映え。

前の店と変わらないのは、壁に並べて飾ってある銅製の鍋と三島由紀夫の色紙。鍋はシェフの手でよく手入れされて目映い光を放ち、色紙には「無心」と墨書されている。美食家でも知られた三島由紀夫が、自決前の最後の食事をとったのは、宏男氏の店だった。

宏一氏は父上と打って変わって堂々たる体軀の持ち主だ。しかし、ふとしたとき、高い高いコック帽を被ったお父上の姿が宏一氏と重なる。人が生きていくことの重さ、厳かさ、そして輝かしさを、感じずにはおかない。

アピシウス APICIUS
東京都千代田区有楽町1-9-4 蚕糸会館ビルB1F
☎03-3214-1361
11時30分〜14時L.O.　17時30分〜21時L.O.
日曜休　カード可

とんかつ三金
東京都新宿区四谷1-8-3 四ッ谷三信ビル2F
☎03-3355-3299
11時30分〜15時　17時〜21時30分
（日曜、祝日は21時まで）不定休　カード不可

トラットリア ピエモンテ 荻窪南口店
東京都杉並区荻窪5-30-12 グローリアビルB1F
☎03-3398-0668　11時30分〜14時L.O.
18時〜21時L.O.　日曜休　カード可

2

さぁ、ショウの始まりだ

イケメンシェフ
ショウが活気づく演出(&仕事)

レストランはイリュージョン

シリオ・マッチオーニ氏といえば、泣く子も黙るニューヨークレストラン界の大物である。彼は長年オーナー兼メートル・ド・テルとして「ル・サーク」を率い、そのぶ厚い予約帳には、歴代の大統領や大富豪、世界的な名優、名歌手、名選手らが名を連ねた。

古い拙著の引用で恐縮だが、たとえば一九九〇年当時の「ル・サーク」では、マッチオーニ氏がスタッフに指示を飛ばす、こうした展開が繰り広げられていた。

「まったく、ピエール・カルダンったら、予約しないで来るんだから。ズービン・メータときたら、店のオーナー気分だよ。ニクソン元大統領が、イタリアの大蔵大臣を連れてきたって？　奥のテーブルを用意しなさい」。

当時はドナルド・トランプの天下だった。

予約係がニヤニヤしながら彼にその日の顧客リストを手渡す。リストには「トランプ夫人」と「マーラ・メイプルズ（後のトランプ夫人、当時は愛人）」の名がある。

彼は肩をすくめる。

「二人は別々のコーナーに座ってもらおう。トランプ夫人とは長い仲だから、電話して教えてあげようかな」

「ル・サーク」の店内はL字型の構造になっているため、別々のコーナーに座ればお互いの顔が見えないのである。

一九九七年にマッチオーニ氏が「ル・サーク２０００」という店を開いたとき、彼にインタビューを申し入れた。当初は「この、くそ忙しい最中に……」といった顔をしていたが、遠い島国から来てひと言たりとも漏らさずまいとしてペンを握っている若造に対して、徐々に心を開いてくれたようだった。

私は気をよくして尋ねた。

「レストラン評論家を、どう思いますか」

彼は愚問を発した私への軽蔑を隠さず、しかし淡々と答えた。

「やつらはまあ、レストランというショウの登場人物だ。だったらせいぜい、ショウを盛り上げてくれたらよろしい」

そう言って彼はのっしのっしと歩いて、店の奥へと消えていった。

この言葉は今に至るまで、私の心の奥に残っている。そう、レストランの本質とは「ショウ」に他ならない。食べ物に払うカネだと考えたらレストランは高すぎる。

営業前のレストランを覗いてみればわかる。殺風景なことこの上ない、ただの「箱」である。その箱に料理人やフロアスタッフが集結し、照明に灯りがともれば「箱」は一変する。そして客が三々五々と集まってくれば、ショウは始まる。たとえば、ただの物体にすぎない人形に命が吹き込まれ、目が開いてむっくり起き上がるようにも感じられる。

しかし箱は箱にすぎず、すべてはレストランというショウ、すなわちイリュージョンなのだ。「ル・サーク」というのはサーカスという意味のフランス語で、深い含意を持つようにも思われる。

そこで働いているシェフやフロアスタッフが美男美女であれば、いきおいショウは活気づいていく。「イケメンシェフ」といった表現に対しては本能的な嫌悪感を覚えるが、ショウのスターにおいて見栄えが重要なのは至極当然。

自分だけが老化した錯覚

イケメンというか、かっこいいシェフといって真っ先に思い浮かぶのは、軽井沢「プリマヴェーラ」の小沼康行氏。

一九六一年生まれのれっきとした中年なのに、高原の青空やテニスコートの似合いそうな、スマートなイケメンぶりは変わらない。

「プリマヴェーラ」を贔屓にしてそろそろ二〇年だが、彼と話していると一歳年下の自分だけが老化（劣化）した感覚におちいる。

料理のベースは銀座「レカン」仕込みのクラシックな佇まいで、しかしスペイン「エルブジ」流の幾何学的なプレゼンテーションにも挑むなど、すこぶる勉強熱心な男である。

久々に「プリマヴェーラ」を訪ねた。

今宵はたまたまハローウィンで、木立に佇む一軒家は電飾で明るくライトアップされていた。観光客の去った軽井沢は静かで、ゆっくり美味しいものを食べるには打ってつけの季節だ。

私たちのテーブルに小沼氏が現れ、「今日は、やりますよ」と宣戦布告（?・）。何かプレイボール前の高校球児のようだ。

次から次へと繰り出される料理は、泡を装った「今どき」のプレゼンテーションもあるにせよ、二一世紀の東京では滅多に出逢えぬ、端正で奥深い味わい。

クライマックスは、仔牛。

これは一転してシンプルなグリルで、その肉質も火入れも申し分ない。恵比寿の「アンビグラム」や自由が丘の「モンド」で供される、東京でもっとも美味しいと思われる仔牛料理をさえ、明らかに上回っていた。

デセールの頃、再び小沼シェフが姿を現した。燃え尽きたというか、半ば放心したような表情で、「どうでしたか」と訊いた。

私は「立派なお料理でした」と言うのが精一杯だった。軽井沢で功成り名遂げた今なお、全力投球を続ける姿勢に心打たれていた。

心底、かっこいい男だと思った。

料理をなおざりにしてテレビ局でチャラチャラしている「イケメン」シェフなど、彼の前で大いに恥じ入るべきである。

ご主人のショウマンシップ

そしてイケメンといえば銀座「室井」。

お店を知っている人ならば、にわかには信じられまい。何しろ初老のご主人は作務衣姿で五分刈り頭。一見、その筋の人と見まがいかねぬ強面の持ち主だ。

いえ、イケメンなのは彼のご子息。

若き日の鶴田浩二など「銀幕のスター」を彷彿させる、すこぶる正統派の美男子だ。

しかしご主人を「親方」と呼ぶなど、躾は行き届いているし、包丁の扱いも手慣れたもの。まだ二〇歳代と思われるが、銀座という土地柄ゆえ、身を持ち崩しさえしなければ、よい料理人になるのではないか。

どうしてこのご主人からこのご子息？　とも思うが、ご主人がほぼ仕事を終えられ、お客さまのお酌でほろ酔い気分のとき、若き日の写真を見せられたことがある。

彼は富士銀行（現・みずほ銀行）で働いていたという異色のキャリアの持ち主で、写真は行員時代のものだった。

いやはや、今のご主人を「使用後」とすれば、「使用前」というべき、水もしたたるいい男ではないか。なるほど隠し持っていて不思議のない（？）写真である。

「オヤジ、バカなことやっているな……」といった顔で、うつむいて仕込みをしているご子息を見れば、なるほど鼻のかたちなど見事に父似である。

容姿で息子に負けているにせよ、ご主人のショウマンシップは稀代のものといえる。とはいえ決して客に媚びるような接客はしない。ご主人いわく、「私はお客さまのココとココしか見ていないのです」。

ココとココとは、「こめかみ」と「喉仏」で、そこだけ見ていれば、客がどれだけ料理を味わっているか、あるいは食べ手として年季が入っているか一目瞭然の由。

そして正しく料理を味わう客と見るや、徹頭徹尾、「どうやって彼（彼女）を楽しませて帰すか」という一念で、手を変え品を変え、熟達の料理を繰り出してくる。

供した料理は細かく記録され、お客には二度と同じものを出さぬポリシー。そうした中で数少ない「看板料理」は「おから」。

酸味と甘みが妙なる均衡を見せ、そのエレガントな食感はロブションのマッシュポテトをさえ思い起こさせる。……といえばやや褒めすぎかもしれないが、レストランは「ショウ」。いかに美しい「幻想」が見せられるかが勝負なのである。

秋口にご主人のショウマンシップは見せ場を迎える。カウンターに置かれた大笊《ざる》に、盛られているのはとれたての茸。赤茸、平茸、網笠茸《あみがさたけ》、正源寺、香茸《こうたけ》、そして松茸……。その種類、約一二〇種。

秋の訪れに胸高鳴らせる見事な仕掛けだが、この茸はといえば、親方と奥さま、ご子息、そして厨房のお弟子たちが、金曜の夜から地方に出かけてスーパー銭湯で仮眠し、早朝から山に入って仕入れた戦果なのだ。その重量、約五〇キロ。

「室井」ではそうしたエピソードこそ、ご馳走。お一人様三万円は覚悟の客単価は、決して「料理代」と考えてはならない。

美味しいか否か、イケメンか否か……それも究極のところ「幻想」と他なるまい。

そしてすこぶる美しい「幻想」を見せられる意味で、「室井」はこの上なく銀座らしい店なのである。

割烹 室井
東京都中央区銀座8-7-19 すずりゅうビル2F
☎03-3571-1421
17時30分~23時　日曜、祝日休　カード可

オーベルジュ ド プリマヴェーラ Auberge de Primavera
長野県北佐久郡軽井沢1278-11
☎0267-42-0095　12時~14時30分L.O.
17時30分~21時L.O.　水曜、2月休　カード可

イタリア料理店の仔牛料理

牛フィレばかりがメインじゃない

双方の怠慢

「牛フィレのステーキ」はメインディッシュの定番である。

結婚披露宴の料理といえば伊勢エビ→お口直しのシャーベット→牛フィレ、がお約束。ニューオープンのフランス料理店も当初こそ鴨のコンフィやらホロホロ鳥のローストやらと張り切るが、いつの間にやらメインは「牛フィレのステーキ」に落ち着いている。

客は「やわらか～い♡」などと言いつつ、楽しそうに食べてはいるが、ただでさえ脂っこい和牛が甘ったるいソースにまみれ、とうてい美食とは思えぬ料理である。

「上等の和牛ならば、自分で焼けば済む」

長野県茅野市「但馬家幸之助」で、一人前一九八四円の牛フィレを網焼きしながら、わたしはそう考えていた。

ここは山梨県の小淵沢に専用牧場を持ち、美味しい和牛をすこぶるリーズナブルに提供している。厚めにカットしてある牛フィレは、みずみずしく薫り高い。ソースの力など借りずとも、本来の味だけで楽しめる肉だ。

レストランが一つ覚えよろしく、フランス風(?)牛フィレのステーキを出しているのは、店側と客側双方の怠慢に思えてならない。メインディッシュとなりうる料理は他にいくらでもあるのだから。

仔牛料理で店のレベルがわかる

その一方で牛フィレのステーキに頼らず、新たなアイテムに挑むレストランも増えつつある。

たとえば仔牛。恐ろしく風味の優しい食材ゆえ、料理人の腕前があらわになる。牛の「子供」をメインディッシュに仕立て、客を納得させる店なら「一流」といってよい。

そして秀逸なる仔牛料理が、少なからず集客のフックになっている店も現に存在している。

たとえば麹町「エリオ ロカンダ」。

私見では日本で最高のイタリア料理店である。では何をもって、「最高」とするか？　こと外国料理に関しては、料理・雰囲気・サービスの三拍子がそろい、なおかつ本場の魅力を如実に伝えることではないか。

「エリオ ロカンダ」はそういう店である。

がっしりとしたエントランスにはレセプショニストが立ち、客をにこやかに席へと誘導する。「外国料理レストラン」の基本である。

店内の雰囲気はかしこまりすぎず、くだけすぎず。イタリア人オーナーのもと、スタッフはイタリア人と日本人の混成。「ボナセ〜ラッ☆」「サルーテ♪」というかけ声にしても、他の店のようなこっ恥ずかしさがない。

で、仔牛のカツレツである。

イタリア料理における定番中の定番で、ポップすぎるせいか新しい店ではむしろ置かないところが多い。しかし「エリオ」のカツレツはとりあえず見た目で楽しませる。きれいにカットされた仔牛が均等に揚がっていて、職人芸を見る趣。

衣の脂と肉の風味のバランスも秀逸で、付け合わせの赤玉ねぎのローストが旨い。仔牛のカツレツと交互に食べ進めるうち、計算し尽くされた味の構成にうならざるをえない。

仔牛のカツレツといって、忘れてはならない店が、「イル・テアトロ」だ。

目白「ホテル椿山荘東京」のメインダイニング。都心とは思えぬ緑豊かな庭園を望み、フロア中央のシャンデリアが華やかなフラワーアレンジメントを照らす。

スタッフの接客もさすがのフォーマルさで、雰囲気とサービスでいえば疑いなく東京一のイタリア料理店である。

料理も東京一と言いたいが、年中無休、朝昼晩と営業せねばならぬホテルの制約ゆえか、ばらつきのある点を惜しむ。

仔牛のカツレツも出来映えに波があるとはいえ、必食の一品。レストランのエレガントな雰囲気とは一変して、すこぶるワイルドなカツレツなのだ。骨付きのまま揚げられた仔牛は分厚く、男の親指の太さはありそうだ。すこし味が薄い気がしたので塩を振り、たっぷりレモンを搾った。旨い！

単品だと七四八〇円という超弩級のお値段だが、この日は前菜＋リゾット＋カツレツ＋ドルチェで九〇〇〇円のコースが用意されていた。椿山荘のメインダイニングで分厚いカツレツがコースで食べられると思えば、破格のお値打ちではあるまいか。

断面のロゼ色が美しい

広尾のイタリアン「アンビグラム」の看板料理は、ズバリ仔牛。

骨付きのロース肉をローストした料理で、食材はフランスの業者から仕入れている。肉は分厚いというレベルを超え、「塊」というべき大きさ。断面のロゼ色が美しく、噛めばみずみずしい肉汁が口中にあふれる。表面の焦がし焼きした部分の塩味が、脂の旨味を引き立たせている。

オーナーは超人気イタリアン「ドンチッチョ」でマネージャーを務めた米津真寛氏と料

理長の伊沢浩久氏。伊沢氏は「エノテーカ・ピンキオーリ」や「イル カランドリーノ」など国内外の名店で腕を磨いた。パティシエは伊沢氏の弟・和明氏で、フランスで菓子の修業を重ねている。一つの店でふた通りのテイストが楽しめる店なのだ。

よけいな装飾を排したインテリアはむしろ今風の装い。すでにして熱烈なファンが生まれ、予約困難な状況となりつつある。

おしまいは、自由が丘「モンド」。

場所は自由が丘の奥まった住宅地。家と家のすき間のような小路を下り、ようやくエントランスにたどり着く。大改造してわずか一〇席の親密感あふれる空間となった。

フロアを統べるのは田村理宏ソムリエで、自分の趣味でBGMにハードロックをかけてしまう個性派だ。しかし「レカン」「アクアパッツァ」でキャリアを重ねたサービスのプロである。宮木康彦シェフはイタリア最先端の三ツ星「レ・カランドレ」や地方の郷土料理店で腕を磨いた腕利き。

およそ仔牛のカツレツなど出しそうにない店であるが、先般「北海道産仔牛のミラネーゼ風」を供されて驚いた。

いや、実際に驚いたのは、そのプレゼンテーション。皿の上にカツレツの姿はない。あるのは丁寧にグリルした仔牛とトマトのロースト、マヨネーズ風味のソース、そしてぱらぱらっと散らされたパン粉。

すなわちミラネーゼを分解して再構成した料理なのだ。凝りに凝った趣向ながら、素直に楽しめる味わいだった。

以上、仔牛のおいしい東京イタリアンの名店をご紹介した。きっと日本のレストランで仔牛がメインディッシュの主流になる日も近い……とまでは思わない。しかしメインディッシュにおける牛フィレステーキの占拠率は、この国の「美食成熟度」をはかる、一つのメルクマールではあるまいか。

エリオ ロカンダ イタリアーナ Elio Locanda Italiana
東京都千代田区麹町2-5-2
☎03-3239-6771
11時45分~14時15分　17時45分~22時15分
日曜休　カード可
イル・テアトロ IL TEATRO
(フォーシーズンズホテル椿山荘東京内)
東京都文京区関口2-10-8
☎03-3943-6936
6時30分~11時L.O.　12時~14時30分L.O.
17時30分~21時L.O.
無休　カード可
アンビグラム AMBIGRAM
東京都港区南麻布4-12-4 プラチナコート広尾1F
☎03-3449-7722
13時~17時　18時~24時
日曜、祝日の月曜休　カード可
モンド Mondo Cucina Italiana
東京都目黒区自由が丘3-13-11
☎03-3725-6292
11時30分~14時L.O.　18時~21時L.O.
水曜、第1・第3木曜休　カード可

東京チャイニーズ・キュイジーヌ

中国料理との深イイ関係

兵隊らの屋台から広まった

いうまでもなく日中は深イイ関係にある。

日本は実に二〇〇〇年以上ものあいだ遣隋使・遣唐使を送り続け、政治や文化、果ては宗教までかの国を手本とした過去がある。

料理では鎖国下の長崎で中国風の卓袱《しっぽく》料理が生まれ、文化文政期の江戸で一大ブームを迎えている。ただし明治維新前の日本は宗教上の理由で肉食を禁忌としたため、むしろ他の文化ほどの影響は受けずじまいだった。

いわゆるラーメンや餃子がメジャーになるのは太平洋戦争後のことで、主として満州から引き揚げた兵隊らが、屋台で売りはじめて広まっていった。それらは日本流にアレンジされ、本国の料理とかけ離れた「ナンチャッテ中華」だったが、その親しみやすい味あればこそ日本人の絶大な支持を受けた。

そうした「ナンチャッテ中華」料理店は高度経済成長と軌を一にして拡大し、名実ともに戦後の外食産業界をリードした。一九七〇年代に入るとファミリーレストランやファストフードのチェーンが急成長し、バブル以降はフランス料理、イタメシ、エスニック料理等々のバリエーションも増えたが、中国料理の人気は依然として根強い。

かの国との間には今なおいろいろと難問を抱えるとはいえ、この国からその料理が消えることはあるまいし、消えてしまっては困る。

「ナンチャッテ中華」との差別化

……という深イイ結びつきがあるがゆえ、東京レストランシーン（？）における中国料理の立ち位置はどうにも微妙である。

レストランである以上はおのずと「ナンチャッテ中華」との差別化が強調され、いきおい「①上品すぎ」「②お洒落すぎ」「③マニアックすぎ」となる。すなわち日本人がフツーに食べたい味と乖離し、スカッとした何か隔靴掻痒《かっかそうよう》の感がある。

が、しかし。近年オープンした「中国料理レストラン」のいくつかは、目線の高さと味的な親しみやすさを兼ね備え、大いに繁盛している。

たとえば「膳楽房」。

まず神楽坂の裏手に佇む、ちょっと粋なロケーションからして、筆者の苦手とする「③

マニアックすぎ」じゃあるまいかと危ぶむ。実際のメニューもハチノス台湾風バジル炒めだの台湾松花ピータンだのと、そこはかとなくディープである。

で、とりあえず漬物の盛り合わせを注文。

大根、キュウリ、人参、セロリは一見してフツーの漬物だが、さりげない中に並ならぬセンスが感じられた。

そしてクラゲのサラダ。

野菜を気持ちほど添えた「サラダ風」ではないかと勝手に思っていたら、たっぷりのレタスと和えた、堂々たるサラダであった。揚げワンタンで食感の愉しみを添え、自家製ドレッシングも酸味と甘みのバランスも素晴らしい。美容が気になる女性も腹回りが気になる男性にもうれしい料理だ。

ハチノス台湾風バジル炒めは、思い切って濃い味つけとして内臓の旨味を引きだす一方、ハーブの香りで食べ手を飽きさせない。筆者はハチノスが大好物で国内外の料理をだいぶ食べてきた自負を持つが、二〇年ほど前ニューヨークのチャイナタウンの外れで食べた炒め料理以来の感動だった。

春巻きやシュウマイ、五目タンメンも日本人の勘所を押さえた出来映えである。

そして、チャーハン。

炒り卵の味わいもノスタルジックな、むしろ焼きめしといったほうが似つかわしい一品である。日本人のツボを心得た、まことに好ましいフィニッシュだった。

自己満足に堕していない

「カントニーズ 燕 ケン タカセ」は、新装なった「東京ステーションホテル」の地階。内装は中華料理店としては相当エレガントな部類といえ、年配の女性が客の圧倒的多数を占めている。

料理長の高瀬健一氏はマンダリンオリエンタル東京内「センス」の初代料理長を務め、同店にミシュラン一ツ星をもたらしている。

ケン・タカセというものだから、タツヤ・カワゴエみたいな男かと思いきや、すこぶる腰の低い中年男性だった。

コンセプトは「ヘルシーな新広東料理」。

ファッチューチョンは本来、高級食材を贅沢に使った高コレステロール料理（?）だが、ここでは肉を入れない精進バージョン。水と塩だけで蒸し上げ、茸の味が出たスープは意外なほど力強い。①上品で、②お洒落な料理には違いないが、食後感はこよなく爽やかで嫌みがない。

何しろ東京駅の敷地内なので、労せずして帰途につけるのもありがたい。

「の弥七」という変わった名前（水戸黄門をご覧の方はご存じですね、脇役の……）の中華料理店は、その立地でも大いに差別化している。荒木町の外れの路地裏で、店内の小さな窓からは道路と通行人の足下くらいしか見えない。そういう隠れ家的な面白さのある一方で、料理はなかなかの本格派である。ランチの「松花堂弁当」はさながら夜のコースのアンソロジーで、お店のエッセンスがおおむね楽しめる趣向。三田の名店「桃の木」で修業したキャリアは伊達でなく、油淋鶏《ユーリンチー》など手練《てだ》れの技術を感じさせる一方、ソースに青島《チンタオ》ビールの隠し味を用いるなど遊び心にも富む。すでにして人気店であるが、少なくともランチに関しては、予約の取れないお店になるのもそう遠い将来ではあるまい。

麻布十番「ナポレオン フィッシュ」は「発酵」や「香辛料」にこだわる③のマニアックな店。まず冷たいジャスミン茶の味からして「この店はただ者じゃないな……」と思わせた。

とにかく痛快な料理である。パクチーを山と盛ったサラダや、秘密の食材を忍ばせて塩味のアクセントを効かせたシュウマイ、海老の蒸し餃子にもパクチーを入れて小粋な味わいに仕立てている。

「北京式ゴロゴロ酢豚」は一個、一個が大口を開けなきゃ食べられないほど大きい。表面をかっちり焼き固め、中の脂身はアツアツでトロトロとろける。〆の汁なし坦々麺はアルデンテの縮れ麺で、山椒、ゴマの味的な響き合いはエクスタティックでさえあった。

マニアックなのは確かだが、自己満足に堕してはいない。お客を愉しませるための精進を怠らぬ店、というべきか。

神楽坂の「エンジン」も食べること好きにはうれしい新星だ。「メゾン・ド・ユーロン」や「中華 うずまき」のような、個性派中国料理店で好事家をうならせてきた松下和昌シェフの店。鮎を一匹丸ごと収める「鮎の春巻き」や、和え物（初鰹の和え物など）といったひねり技も見事に着地させる手練手管は、豊富なキャリアあればこそ。その一方でエビチリのような定番も、「慣れ親しんだ中国料理ならば、こうあってほしいな……」と思わせる、安定感と説得力ある味わい。

いや、味のことだけでは「エンジン」を説明したことにはならない。神楽坂の裏手という絶妙のロケーション、カウンタースタイルという店のしつらえ、良好なコストパフォーマンス等々、その総合力で圧倒的な満足感を与える店だ。気の置けない友人同士、あるいはカジュアルなデートに打ってつけ。

いやはや、おそるべし東京チャイニーズ。こと中国料理に関しては、われわれはいい時代に生まれ合わせたようである。

中国菜　膳楽房
東京都新宿区神楽坂1-11-8
☎03-3235-1260
11時30分〜14時30分　17時〜23時（22時L.O.）
月曜休（不定休あり）　カード可

カントニーズ　燕　ケン　タカセ Cantonese en KEN TAKASE
東京都千代田区丸の内1-9-1
東京ステーションホテルB1F
☎03-6269-9937
11時30分〜15時（14時30分L.O.）
17時30分〜23時（21時30分L.O.）　無休　カード可

中華　の弥七
東京都新宿区荒木町8　木村ビル1F
☎03-3226-7055
11時30分〜13時30分　17時30分〜21時L.O.
日曜、祝日の月曜休（ランチのみ不定休）　カード可

ナポレオン　フィッシュ Napoleon Fish
東京都港区麻布十番1-6-7　FIプラザビル2F
☎03-3479-6687
金曜〜日曜11時30分〜15時（14時L.O.）
火曜〜金曜18時〜23時30分（22時L.O.）
土曜・日曜、祝日17時〜22時（21時L.O.）
月曜休　カード可

エンジン ENGINE
東京都新宿区神楽坂5-43-2　ROJI神楽坂1F
☎03-6265-0336
11時30分〜15時（14時L.O.・火曜除く）
18時〜23時（22時L.O.）
日曜、祝日休　カード可

看板料理
お目当てはやっぱり、こいつ

看板料理はオペラのアリア

オペラの華はアリアである。

プッチーニのオペラ『トゥーランドット』では、第三幕の「誰も寝てはならぬ」。トリノオリンピックの開会式でルチアーノ・パヴァロッティが歌い上げ、荒川静香がフリー演技のBGMに用いた、あのアリアである。

「誰も寝てはならぬ」なかりせば、『トゥーランドット』はだいぶ色あせて思える。

ボロディンの『イーゴリ公』に至っては、聴衆の全員が「ダッタン人の踊り」を楽しみにしているとして過言ではない。

レストランではさしずめ「看板料理」か。

「この一品を楽しみにして来たのだよなあ」と言わしめる料理がある。

洋食屋でいえば、「煉瓦亭」のポークカツレツ、「たいめいけん」のオムライス、「香味屋」のメンチカツ等々は、店の看板料理として長い歴史を持つ。他のメニューにいろいろ浮気した挙げ句、「やっぱり、こいつだよなあ」とその実力に思い至る。

赤坂「燻」はカウンター主体の隠れ家レストラン。看板料理といえば、「トリュフとフォアグラのオムレツリゾット」である。

看板料理にはたいてい愛称や略称がある。常連はこの品を「オムリゾ」と称す。

カウンター内に陣どる店主は、輿水《こしみず》治《はる》比古《ひこ》氏。「輿水サン」と言う客はいない。その巨軀や悠揚迫らぬ所作ゆえ、「くまさん」と呼ぶ。

くまさんのオムリゾは、フォアグラの欠片《かけら》を潜ませ、削って散らした黒トリュフで香りづけしてある。表面にはケチャップの代わりに、甘辛い特製ソースをあしらっている。

スプーンでごそっとすくって頬張ると、口中は豪華食材のあでやかな響き合いで満たされ、瞑目して天を仰ぐかっこうとなる。

目を開ければくまさんが、「してやったり」という顔でうなずいている。

一〇年ほど前はカレーが看板料理だった。甘みと辛味、そして不思議な苦味がくせになるおいしさで、客はカレーを目当てにして店に通っていた。

看板料理にとってかわる看板料理を作りだすとは、くまさん、ただ者じゃない。一見して敷居が高いし、そこはかとなく会員制倶楽部的な雰囲気を漂わせているが、果敢に突入し、死ぬまでに一度は食べておきたい逸品だ。

看板料理はメニューに載っているとは限らない。ウェスティンホテル東京の「龍天門」では、客の大半が料理の〆として冷やし担々麺の丼を抱えている。これはメニューにない、いわゆる裏メニュー。

私にとって「龍天門」の冷やし担々麺は、「ダッタン人の踊り」である。前菜盛り合わせや、肉料理、野菜料理等々は、冷やし担々麺に至る道筋でしかない。

甘みと酸味の均衡のすばらしいスープは、しっかりコクを備え、辛味のパンチが効いている。常識的には四人で一人前とはいえ、そうすると「一人で一人前、喰いたかったなあ」と悔いるはず。

密かに「龍天門」の看板料理にとってかわる看板料理とにらむ一品が、「ラードご飯」。香港あたりの庶民的料理であるが、やはりメニューになく、事前予約が必要。さらっと炊いたインディカ米に、ペースト状のラードをかけ、醤油を垂らして食べる。

いわば、究極の醤油かけご飯。

ラードは思い切って、どさっとかけたい。米と脂と醤油の三重奏が、日本人の官能に訴える。喰えば、「うめえ……」とつぶやき、至福の身もだえが止まらない。

スタッフはホテルゆえか没個性の印象を受ける。しかし夢中でラードご飯をかき込む客に、注いでいる眼差しは温かい。

「銀座 芳園」でもこの看板料理が食べられる。なぜかといえば同店の料理長と給仕長は

「龍天門」の出身で、メニューには載せていないけれども、前もってお願いしておけば「喜んでお出しします」（給仕長談）との由。その担々麺は「龍天門」のそれと寸分たがわず、うれしい驚きを覚える。たとえば同じスコアを見て演奏したところでその結果は千差万別なのと同じく、いくらレシピが同じだからと言っても、忠実な再現はなかなか期待しえないものである。

「龍天門」は内装がゴージャスなのと駐車場完備なのが高ポイントの一方、サービスとなれば「銀座 芳園」に軍配が上がる。「龍天門」はどういうわけか、高級ホテル内なのにサービスが一貫しないという点において一貫している（？）。ロケーションも「銀座 芳園」のほうが好アクセスといえようか。

いずれにせよ、担々麺の選択肢が増えたのは、すこぶる喜ばしいことである。

店のツボを押さえるべし

看板料理は店のツボである。客がツボを押さえていると見るや、店は「こいつ、わかっているな」と思うわけである。

ニューヨークに「ピーター・ルーガー」というステーキ屋がある。今や世界的に有名な店だが、看板はTボーンステーキ。

Tボーンステーキは、「ステーキ・フォー・ツー（二人分）」「ステーキ・フォー・スリー（三人分）」という、まことに人を食ったメニュー表記。「ステーキといったらTボーンだろ」というメッセージである。

肉はドライエイジングといい、冷風で凍らせて熟成させている。焼き方はミディアムレアに限る。「ミディアムレアで」と言えば、ウエイターは、ふむふむとうなずく。

外側は黒々とワイルドに焼き上げ、内側はしっとりと艶めかしいレアに残してある。

付け合わせは、とろとろに煮たホウレンソウ（クリームド・スピナッチ）がいい。前菜を頼むとしたら、トマトと玉ねぎのスライス。ぶった切っただけの野菜が、店のオリジナルステーキソースで食せば、乙なプレリュードになる。あるいは大ぶりで、歯ごたえのあるシュリンプカクテル。

ニューヨークは遠いな、という向きには、ホノルルの「ウルフギャング・ステーキハウス」。「ピーター・ルーガー」の元ヘッドウエイターがひらいた店である。

店内を見渡せばサラダやロブスターなど、Tボーン以外を頼む客が少なくない。

「ふふっ、店のツボを押さえていないな……」と内心、上から目線になる。

いかついウエイターが注文を取りにくれば、悠然と言い渡す。

「アペタイザーは、トマトと玉ねぎのスライスと、シュリンプカクテル」

トマトと玉ねぎなど、頼む客はそういない。ウエイターはかるく身じろぎする。

「ステーキ・フォー・ツーで、焼き方は〝当然〟ミディアムレア。付け合わせはクリームド・スピナッチね」

ウエイターはウン、ウンとうなずいている。

ついでに高いワインをオーダーすれば、「イエス、サー！」となること請け合い。

ホノルルは遠いな、という向きには、恵比寿「ゴッサムグリル」。日本ではまれな、「ピーター・ルーガー」的Tボーンステーキにありつける店のひとつである。

Tボーンステーキは入荷があるとは限らず、事前に予約しないとありつけない場合がある。

以前「あいにく欠品で……」と言われたときは、目の前が真っ暗になった。『イーゴリ公』を聴きに行き、「ダッタン人の踊りは欠品です」というようなものではないか。

それ以来、予約のときには、「Tボーン、ありますよね」と怒ったような声で念を押している。そうしてたどり着いたTボーンはとびきりのアリア。もう、叫ぶ他はない。

「ブラボーッ！」ってね。

燻
東京都港区赤坂2-16-19 赤坂イイヌマビルB1F
☎03-5570-4117 18時~23時(L.O.)
日曜、祝日休(土曜不定休) カード可

龍天門
東京都目黒区三田1-4-1 ウェスティンホテル東京2F
☎03-5423-7787
11時30分~15時(土曜・日曜、祝日は16時30分)
17時30分~21時30分 無休 カード可

銀座 芳園
東京都中央区銀座7-8-15 第二新橋会館6F
☎03-6274-6568
11時30分~14時30分 17時30分~23時(土曜は22時)
日曜、祝日休 カード可

ピーター・ルーガー・ステーキハウス
Peter Luger Steak House
178 Broadway, Brooklyn, N.Y. 11211
☎718-387-7400
11時45分~21時45分(月曜~木曜)
11時45分~22時45分(金曜・土曜)
12時45分~21時45分(日曜) 無休 カード可

ウルフギャング・ステーキハウス Wolfgang's Steakhouse
2301 Kalakua Ave., Royal Hawaiian Center 3rd
Level, Honolulu, HI 96815
☎808-922-3600
11時~22時30分(日曜~木曜)
11時~23時30分(金曜・土曜) 無休 カード可

ゴッサムグリル GOTHAM GRILL
東京都渋谷区東3-16-10
J-Park恵比寿3 ALTIMA1F
☎03-5447-0536
11時30分~15時(L.O.) 18時~22時30分(L.O.)
無休 カード可

隠れ家

情報の希少性で店の価値高騰

有名イコール一流なのか

そのむかし「有名イコール一流」という時代があった。

お買い物は三越、ホテルは帝国、フランス料理ならマキシム……。

しかし三越は新宿のデパートと合体して「三越伊勢丹ホールディングス」と変態し、帝国ホテルは外資系ホテルとの競争や外国人観光客の激減に呻吟し、マキシムは多店舗化して庶民にも手の届く存在となった。

そしてレストランに関しては、「有名イコール一流」という図式がだいぶ怪しくなっている。テレビでは鉄人だのイケメンだのといろいろなシェフが出演しているが、そうした店に限って『ミシュラン』は星を付けていないし（まあ同書の信憑性には賛否あるにせよ……）、好事家の評価は著しく低い。

大繁華街や大通りに面した店、あるいは有名ホテルやデパートのレストランを評価しては、「沽券に関わる」という空気さえある。

またテレビや雑誌に加え、ブログやツイッター、フェイスブックが人気を博し、グルメ情報が幾何級数的に増えた。

そうした流れで情報の希少性が、逆に店の価値を高めている。

好事家のオススメといえば、おのずと路地裏の小体な割烹、住宅地に佇む一軒家フランス料理店、果てはマンションの一室で営むワインバー……といった傾向になる。

要は「隠れ家」である。

下界の猥雑と隔離する

恵比寿は食に限らず「隠れ家」の多い街だ。元々渋谷の陰に隠れ、時代の注目を集める街ではなかった。しかし恵比寿の「隠れ」感を求める客が殺到し、街はすさまじい勢いで「非隠れ化」(?)を進め、新しい高層ビルが林立している。

「魚のほね」というマイナー感あふれる名の店は、そうしたビルに囲まれた古いビルの三階にある。

入り口は人目を忍ぶ風情で、脇に重ねた木箱に「魚のほね」と書いてある。しかも木箱は上下逆さなので、客は頭を傾けないと店名をまともに読むことすらできない。

そして三階まで狭い階段を歩いて上る。バリアフリー推進派が頭から湯気を出して怒りかねないアプローチである。

店内は四人ほど座れるカウンターと、いろり型のテーブル。およそレストランらしからぬ空間といえる。

店主は櫻庭基成郎氏。戦国武将のような名前であるが、東京・葛飾育ちの心優しい兄チャンで、威圧感を与えぬ金髪がほほえましい。

カウンター席には寿司屋のネタケースをしつらえ、築地で買いつけてくる魚が鎮座。品質と処理、調理は一級である。

料理はお任せで一万二千円ほど。とある春の料理は以下のとおり(抜粋)。

黒胡椒の効いた桑名の蛤汁、小さい鯵寿司のおしのぎ、イベリコ豚の肉じゃがトリュフオイル風味、〆は枕崎鰹の丼……。

店主のキャラと同じく、中身で勝負!の感が好ましい。「こだわり系隠れ家」か。

「隠れ家」とはいえ好事家の評価は高く、予約至難の状況が続いている。

恵比寿のお隣渋谷は「隠れ家」とほど遠い街の印象。東急百貨店の向かいはファストフード店や居酒屋チェーンの激戦区で、すこぶる渋谷っぽい界隈である。

「ベッド」はそうした一角の「隠れ家」。

二階のシックな入り口の扉をあけるや、心身は下界の猥雑と隔絶する。

バーテンダーとシェフの若い二人が営むカウンターだけの店。

西麻布の名店「ウォッカトニック」でシェイカーをふった宮地英典くんと、有名レストラン出身のシェフが清新なタッグを組む。

事前に「こういうものが食べたいな」と伝え、店では「こういうものが呑みたいな」と言い、オートクチュール感覚で楽しむのが大人の使い方。「看板料理は○○」と言えぬほど、カクテルと料理の手数は多い。

完全予約制の趣味的な（？）お店

新宿余丁町は繁華街の雑踏から外れ、いかにも「隠れ家」のありそうな佇まいだ。「てんぷら蕎楽亭」は神楽坂の超人気蕎麦店「蕎楽亭」のご主人が完全予約制で商っている、半ば趣味的なお店。

基本は天ぷらのコースで、前菜として会津の味覚を供している。たとえば馬刺し。力道山が巡業で会津に来た折、「馬刺しはこうやって食べた方が美味しい」と言って、唐辛子味噌で食べる方法を伝授された。その流儀がすっかり定着し、今や会津料理となった由。

彼がリスペクトを捧《ささ》げるのは赤坂で日本一の名声をほしいままにした「楽亭」。考えてみれば「蕎楽亭」と一字違いだ。「楽亭」の故石倉榾士氏とくらべれば格の違いは否めないが、とにかく楽しそうに揚げていて、食べ手にもその気分が移ってくるかのようだ。

〆は当然、蕎麦。さすがに堂々たるプロの蕎麦である。ご主人と話してわかったのだが、彼は十数年前、千代田区猿楽町の「松翁」で働いていて、私は当時「松翁」の近所にある日本大学経済学部の非常勤講師を務めていた。講義は一四時二〇分からなので、その前に「松翁」で蕎麦を食べるのが楽しみだった。そういえば「松翁」は天ぷらに力を入れ、メゴチとかギンポウとか、とても蕎麦屋とは思えぬ品々が出されていたな……と思い出す。「天ぷら蕎楽亭」は決して一朝一夕で成った店ではないのである。

『ミシュラン』の星ホルダーのご主人に、あたかもお抱え料理人のように天ぷらを揚げてもらえ、最後に極上の蕎麦で締められるとは、恐ろしく贅沢な話。

一見で気楽に行ける店ではないかもしれないが、まずは神楽坂のお店でお蕎麦を食べ、ご主人と仲良くなってから出かければ万全。もっとも頭に「超」のつく人気店ゆえ行列必至。それでも「カレーうどん」は並んででも食べる価値がある。

六本木の「バンク」はゴージャス系「隠れ家」。

総理大臣は中曽根康弘でレーガンを「ロン」と呼び、マイケル・ジャクソンが「ひゃっほ♪」と叫び、光GENJIが「ろうりんろうりん♪」と歌っている……錯覚におちいる。

六本木の静かな路地から地階に下ると、岩盤と金庫が現れる。

「秘密の鍵」を錠に差し込むと、金庫が開いてスタッフが「いらっしゃいませ」とごあいさつ。洞窟をイメージした店内に怪しいシャンデリアが光り輝き、ガラスの巨大セラーにペトリュスや五大シャトー、ドンペリ、サロンのたぐいが並ぶ。

宮崎県出身のソムリエは知識豊富ながら低姿勢で、わずかに訛った商品説明が好ましい。あらかじめ希望を伝えればワインに合わせたコース料理を組むなど、美味しいもの好きには使い勝手のいい、また使い込むべき店である。

鰻の煮こごり、バーニャカウダ、パスタやリゾットが人気。

おっと、〆の海老カレーを忘れてはいけない。海老の姿なき海老カレーで、海老味噌の味が上品に出たソースはエロティックでさえある。さらさらご飯と相性がいい。

ディズニーランドの「ホーンテッドマンション」と映画『セックス・アンド・ザ・シティ2』の出逢いというべき大人の遊び場。

「隠れ家」という言葉特有の後ろ向き感はないが、女性をご案内して、「きゃあ」と言ってもらえる希有な店である。

注記：「秘密の鍵」はソムリエに言えばもらえます（もらえるはずです）。

天ぷら蕎楽亭
東京都新宿区余丁町1-14　電話非設置
土曜休　カード可

魚のほね
東京都渋谷区恵比寿1-26-12 フラット16 3F
☎03-5488-5538
18時～20時30分L.O.　日曜、祝日休　カード不可

バンク BANQUE
東京都港区六本木7-3-21 来山ビル B1F
☎03-3479-0098
18時～翌2時L.O.
日曜、祝日休　カード可

ベッド SHIBUYA bed
東京都渋谷区道玄坂2-23-13 SHIBUYA DELI TOWER 2F ☎03-3476-6120
18時～深夜　土曜・日曜、祝日休　カード可

リーズナブル・フレンチ

オヤジも認めた大繁盛の中身

若者に心地よい軽さ

フランス料理といえば長年、「お高く」とまっていて、敷居が「高く」、何よりもお値段が「高い」イメージであった。

しかし近年は①フレンドリーで②カジュアル、かつ③リーズナブルなフランス料理店が増えた。いや、近頃のフランス料理店を見れば、おおかたがこの手の店といえ、好ましい一方で、やや複雑な感想をも抱かせる。

とはいえ「繁盛」というポイントで見れば、もはやフランス料理店はこの三条件を満たさなければ出店さえできない時代になったようにも思われる。

たとえば南青山の「ヒロヤ」は若いシェフが孤軍奮闘中の、カウンタースタイルのフレンチ風レストラン。

洒落たカフェやバーのようでもあり、いまどきの人はきっとこういうお店がやりたいだろうな……という微笑ましい佇まい。

カルパッチョやハツのソテーなど、しっかり食べさせる量とテイストで盛り付けもきれい。確かな技量を感じさせる品々であるが、手間のかかる料理になると提供に時間のかかるのが玉に瑕《きず》。せっかくカウンタースタイルなのだから、「見せる要素」や「素早く出せるアイテム」などを考えればもっとよい店になるはず。その意味で「オー・ギャマン・ド・トキオ」や「燻」はよく出来た店だとあらためて思った。たとえば京都の名割烹なども見て回って、新しい世代ならではのスタイルを確立してほしいな……と思った。などともオヤジとしては大いに応援したい、その初々しさが好ましいお店。

恵比寿「クニオミ」は必ずしも安いとは言い切れないが、すこぶるカジュアルでオヤジフレンドリー。

何しろマネージャーはかつて表参道「フロ」を立ち上げた業界のベテランである。いきおい時間はドナルド・トランプやマイケル・ジャクソン、マドンナの頃へさかのぼり、私とマネージャーは遠い目になった。

料理もオヤジ泣かせである。皿にむせかえるようなフランス、脱毛しない男っぽさ(?)が匂いたっている。この日のおすすめ前菜は「ヒグマのパテ」である。見事なまでに女性や子供を意識せぬ立ち位置が潔い。パテには甘酸っぱい山査子《さんざし》のジャムを添え、獣臭を和らげつつ引き立たせる。ピクルスは冬瓜で、絶好の箸休めになる。この力量、ただ者ではない。

シェフはうるさ型の客が集まる南青山「アディング・ブルー」の厨房を統《す》べた腕利きで、見るからに職人肌の男である。

クスクスは粒状の小麦にいい味のスープが染み、喉を喜ばせながら胃に収まっていく。正調クスクスに欠かせぬハリッサ（ピリ辛ペースト）のチューブもさりげなく供し、まことに心憎い。酸いも甘いも嚙み分けた、大人の技である。

メインは一五カ月間放牧して育てた、四五〇グラムの骨付き豚。しっかり焼き目をつけてグリルした後、オーブンで仕上げて余熱で火を通した料理である。

脂は旨味・風味とも十分でありつつ、後口が爽やか。マネージャーいわく。

「肉汁が口の中で、じゅわーっとあふれるようでは、焼きすぎです。肉の中に適度に留まっているくらいがいいのです」

私は適当に相づちを打ちながら、骨にこびりついている豚の脂や肉を、必死に歯でこそいで食べていた。

大出血のコストパフォーマンス

上目黒「オー・コアン・ドゥ・フー」は、誰にでも安心しておすすめできる店である。

ディナーは五〇〇〇円と安価ながら、サーモンの瞬間燻製は見事な厚切りで、その気っぷの良さが快い。添えたるトマトの初々しい酸味とサーモンのレアな艶めかしさが、エレガントにしてエロティック。「エロガントなサーモン」である（……失敬）。

オマール、帆立、ウニと豪華食材を天こ盛りにした人参のムースも官能の一品。ハラミのステーキはフォアグラ添えで、出血大サービスのコストパフォーマンス。ミルクのアイスクリームも昔懐かしい、またしてもオヤジ泣かせの味。

「これで儲けが出ますかね？」

「儲かって、ないです」

そう言ってシェフはうれしそうに笑った。店内大盛況。この盛況は終わりそうにない。神楽坂「ボン・グゥ」は大人気店「オー・グー・ドゥ・ジュール」の姉妹店としてスタートした「前菜レストラン」。今は同グループから独立したが、いまだ人気に衰えは見えない。「フランス料理はメインが重くて。前菜だけ食べられたらいいのに」と思っていた日本人は多かったと見え、夜は二回転以上していそうな繁盛ぶりである。

前菜メニューは、ウニのクレームブリュレ、スルメイカとアボカドの冷製カッペリーニ・ライムの香り、ブーダンノワール・トウモロコシのケークサレ……等々。どれを食べても外れがないのが凄い。安いけれどもチープに堕さず、センスのよさを感じさせる。

特筆すべきは、牛ハツ香草パン粉焼き。分厚く切ったハツは新鮮で芳しく、噛もうとする歯を押し戻すほどの張りがある。ハツ一つでもうなってしまうクオリティ。タルトフランべはピザ感覚の薄いスナックで、散々前菜を食べた後のメに打ってつけだ。

デザートのブランマンジェも神楽坂「楽山」のほうじ茶で香り付けしてあったりして、手が込んでいる。

あざとい業界人が時流におもねた店か？ ……とも思ったが、うれしい期待外れであった。オヤジにとって唯一の敷居の高さは、その異常な女子率（オバサン率？）の高さ。私はやや肩身の狭い思いをしたが、「いや、そういう店なら、オレはぜひ行きたい！」という肉食オヤジも多いに違いない。

ご自由に、どうぞ。

ヒロヤ Hiroya
東京都港区南青山3-5-3 1F
☎03-6459-2305 18時～翌3時
無休 カード可

クニオミ ル・ネオ・ビストロ QUNIOMI le néo bistrot
東京都渋谷区恵比寿1-24-12 戸塚ビル1F
☎03-6721-6910
12時～15時(土曜・日曜、祝日のみ) 18時～23時
月曜休 カード可

オー・コアン・ドゥ・フー Au Coin du Feu
東京都目黒区上目黒2-7-2 PIROUETTE101
☎03-6412-8212
11時30分～15時(12時30分L.O.)
18時30分～23時30分(22時30分L.O.)
水曜、第3火曜休 カード夜のみ可

ボン・グゥ神楽坂 bon goût kagurazaka
東京都新宿区矢来町107 細谷ビル2F
☎03-3268-0071 11時～15時(14時L.O.)
17時～22時30分(22時L.O.) 月曜、第3火曜休
カード夜のみ可

ミシュランと繁盛の関係
ミシュランは信じられるのか？

ラッキーの一語に尽きる

振り返れば二〇〇七年一一月。

ミシュランがはじめての日本版（東京版）レストランガイドを出すとアナウンスされた当初、「『ミシュランガイド』って、ナンジャラホイ？」と大騒ぎになった。まだミシュランといえばタイヤしか思い浮かばぬ時代だったのだ。

それなら「詳しそうなヤツに訊かねば」というわけで、私は空前（にして残念ながら絶後）の取材ラッシュに見舞われた。発売日とその直後は連日キー局のスタジオに招かれ、有名タレントとなれなれしい口を利き、黒塗りの車で帰ったものだった。

あれから八年。国を挙げての狂騒は影を潜めたが、「権威」としていちおうの定着を見たと思われる。

その割を喰ったのが、（私を含む）いわゆる料理評論家またはフードライターである。

それまでまずまずマスコミで露出していたのが、「権威ならばミシュランに任せておけばよい」となって、そのうえ「食の語れるタレント」が続々と現れ、もはやお払い箱の様相を呈している(涙)。

といった個人的事情（?）はどうでも宜しいが、「ミシュランは本当に信じられるのか」という疑問はいまだ根強いようである。

とりあえず「星の数」は「テキトー」という他ない。「星をいっぱいもらった」某料理人に、ミシュランから高く評価された感想を訊いたら、「ラッキー♪の一語に尽きます」と真っ正直に答えられていた。

というわけで、手を抜いているのか、情実が隠されているのか、そもそも評価の資質を欠いているのか、にわかに判断しかねる。

ただし例の騒動のとき、ニューヨークタイムズ特派員の取材（!）を受けて、思い知らされたことがあった。

「星の数がテキトー」だと、ひとしきり熱弁をふるった後、特派員氏から「ところで、あなたのおすすめのレストランは?」と尋ねられた。思いつくままに店名を挙げたところ、実にそのすべてがミシュランに載っているのだった!

大局的（?）に言えば、ミシュランは決して悪くない。漏れている名店もあるけれども、よくぞここまで網羅できたなという思いもある。おそらく料理専門誌の編集長クラスが目を通したものと推測されるが、もっともそれだけに星数のテキトー加減の謎も深まる……。

カウンター席はプラチナシート

で、「ミシュランと繁盛との関係」を言えば、「寿司」だけは確実にその恩恵に与《あずか》っている。いまや全世界的な「スシ・ブーム」なものだから、ミシュラン三ツ星ともなれば、海外からもセレブやグルメやミーハーが怒濤のように流れ込む。そしてミシュランに載るような名店は、そもそもカウンターでせいぜい十数席のキャパしかないため、少し評判が立てば、たちまち「予約のとれない人気店」と化すのは理の当然である。

そのサミットこそ、「すきやばし次郎」。

三ツ星の上に「最高齢料理人の」という冠までつき、同店をテーマにした映画（『二郎は鮨の夢を見る』）まで作られる始末。

同店を贔屓とするヒュー・ジャックマンは来日の折、アン・ハサウェイら共演者を引き連れて再訪された由。

さらに二〇一四年には安倍首相がオバマ大統領との「ミニサミット」会場に選ぶなど、飲食店としてこれ以上は望みようもない栄耀栄華ぶりである。

必然的に予約は至難を極め、一二人しか座れぬカウンター席は文字どおりのプラチナシートとなってしまった。

さらに小野二郎氏は偏屈、もとい職人肌としてつとに知られ、相当の常連に連れて行ってもらわないとその真価はわからないとも言われる。

で、実際のところ「味」はどうなのかと言えば、「圧倒的に」美味しいと言わざるをえない。あえて順位をつければ日本一と言って差し支えない。たとえば私が偏愛する六本木の個性派「山海」のご主人など、「どう考えても次郎さんには勝てないので、ウチでしかやれない方法論を考えた」と述懐している。

何しろネタは築地きっての特級品。そして小野二郎氏の「美味しい寿司を握りたい」という執念には並々ならぬものがある。

ごく一例を言えば、車海老。得も言われぬ仄《ほの》かな温かさで出し、フランス三ツ星のラングスティンを彷彿させるエレガンス。いったいどこでこの温度を体得したのかと訝る。シャリの固さもネタによって変幻自在に変え、仕上がった寿司の美しいこと！

次郎の寿司とは美観×温度×食感（テクスチュア）の芸術なのだ……と恵心させる。こういう店をこの上褒めてどうする？という気もするけれど、事実なのだから仕方ない。

客は基本、お茶しか許されない。矢継ぎ早に繰り出される寿司を、客は真剣白刃とりの気合いで拝受し、速攻で口に運ばねばならぬ。

おおむね二〇貫強、所要時間およそ四五分で、二万五千円〜三万円。時間単位にしてもっとも高価な飲食店なのは疑いない。

二〇一五年に御年九〇歳。家庭の事情のため七歳で奉公に出され、寿司職人としてスタートを切ったのは二八歳という遅咲きだった。左利き、手先が不器用というハンディを抱えつつも銀座という激戦地で勝ち抜き、今日の地位を築いた。

その労苦が報われたとすれば、ミシュランもよいことをした、と言うべきかもしれない。

ミシュランの功罪

寿司以外の店はどうなのか……と思い、恵比寿の「翁」を訪ねた。蕎麦屋である。

ミシュラン初上陸のときから星を死守し、気になっていた店のひとつ。行かねばと思いつつも今一つそそられず、機会を逸して今日に至っていた。

「蕎麦懐石」なるスタイルがどうにも「粋」に思えなかったせいもある。

とはいえ未踏のままじゃ、ミシュラン通の名が廃《すた》る(?)。そこはかとなくモチベーションを欠いたまま、恵比寿の地階にあるその店を訪ねた。

コースは一万五千円、二万円、二万五千円。ふつうこの段階で萎えるはずで私も萎えた(笑)。(当然?)一万五千円のを注文。

内装は小きれいだけれど、強気な価格設定に見合うほどの高級感はない。

お料理は八寸を思わせる盛り合わせでスタート。ヤリイカ、牡蠣、白魚、車海老、そして河豚の白子。ゴージャス志向の食材選びとはいえ、見た目はむしろ楚々とした風情。

味は……美味しい。

ヤリイカには蕎麦のダシをふくませ、あとの品々も長い間熟成させたタレで味を調えてある由。日本料理はつまるところダシの味（旨味）ゆえ、道理で「旨い」わけだ。

本しめじのスープは河豚のアラ、金華ハム、鶏肉のダシ。日本料理とはまたいっぷう変わった旨味とはいえ、ダシとかえしの塩梅で鍛えられたセンスが窺える。

平目の昆布〆は塩加減が的確だし、ズイキのお浸しもダシの味わいが洒脱。ただし河豚の焼き物は味醂《みりん》が勝った印象を持った。

〆の蕎麦は真っ白な更級で、申し分ない。

店員氏いわく、「以上でございます」

……え、デザートないの？

あるいはこの単価ならば蕎麦のお代わりを無料で出してもよいのではないか。

お勘定書きに目もくれず、アメックスのブラックカード（もしくは噂でしか知らないクリスタルカード）を切る（年配）客ならばパラダイスかもしれないが、少なくとも私はそういう人ではない。そしてこの日、客は最後まで私たちひと組だけだった……。

味はよいのだから、もっと家賃の低い場所で、シンプルなメニュー構成とすれば、「超」繁盛店ともなりうる店である。

ただし噂によればミシュランはコース仕立てじゃないと評価しないらしい。となれば星という「名」と繁盛という「実」は並び立ち難い。ミシュランも酷な二択を強いるものだ。

その一方でたとえば新宿「割烹 中嶋」など、ランチタイムは行列必至の大繁盛。ミシュランの恩恵を受けた好例といえる。

そのランチ定食のお味はといえば、まあ、いたってフツーである。もっともフツーのランチというのは貶し言葉ではない。フツーでなくおいしい料理というものは疲れるので、そう毎日は食べられないのだ。フツーに美味しい料理を良心的な価格で供してこそ、店は繁盛を続けられる。

その意味で「割烹 中嶋」は真っ当な飲食店だし、ミシュランのおかげでこのランチを知った人は多いのだけれど、「星」を獲ったせいでそれまでの常連を失う羽目にもなったと思う。そういう客はさぞ、ミシュランを恨めしいと思っているに相違ない。

ミシュランの功罪の判断は難しい。

すきやばし次郎
東京都中央区銀座4-2-15 塚本総業ビルB1F
☎03-3535-3600
11時30分〜14時 17時〜20時30分
日曜、祝日、土曜夜、8月中旬・年末年始休 カード可

翁 東京都渋谷区恵比寿西1-3-10
ファイブアネックスB1F ☎03-3477-2648
18時〜22時30分L.O. 日曜、祝日、年始休 カード可

新宿割烹 中嶋
東京都新宿区新宿3-32-5 日原ビルB1F
☎03-3356-4534 11時30分〜14時
17時30分〜21時30分 日曜、祝日休 カード可

「ニューワールド」のレストラン
海外からやってきたスゴイやつ

旧勢力にとって代わる存在感

近年ハワイから日本に殴りこみをかけて最も話題になったのは、おそらくパンケーキでもアサイーボウルでもなく、この店のステーキにちがいない。

「ウルフギャング・ステーキハウス 六本木店」。

思えばつい二〇年前くらいまで、ことアメリカの料理や食文化に対しての、日本人の偏見にはすさまじいものがあった。いわく「アメリカの料理は大味」「アメリカ人は味音痴」「アメリカは食の後進国」エトセトラ、エトセトラ……。

私自身、一九八八年にアメリカで生活をした当初、食事だけはアメリカナイズされる必要はあるまい……と考えていた。しかしアメリカのダイナーで出されるブレックファストや専門店のステーキハウス、ユダヤ人の商うデリカテッセンなどを知るに及び、すっかり考えを改めさせられた。

そして帰国した一九九四年あたりから日本でも「フュージョン料理」「パンパシフィック料理」などが注目を集め、二一世紀に入ると「バーガーキング」や「クリスピー・クリーム・ドーナツ」といったファストフード、そして「ビルズ」や「エッグスンシングス」といったパンケーキ、「サラベスキッチン」のようなカフェが圧倒的な支持を受け、信じ難い長さの行列が生まれた。

かつて海外の食文化といえばフランスか中国、そしてイタリアといったイメージだった。ワインにしてもアメリカやオーストラリア、ニュージーランドなどは、フランスやイタリア、スペインといった既存の勢力に対して「ニューワールド」ものと呼ばれる。しかし今や料理やワインの世界で、アメリカを筆頭とする「ニューワールド」は旧勢力にとって代わる存在感を示している。

大統領が来たって、ここだけは見せねぇ

日本における「ウルフギャング」の大繁盛はその象徴にも思われる。

同店のオーナーはニューヨーク「ピーター・ルーガー」でヘッドウェイターを務めていた男で、「ピーター・ルーガー」とは地上で最強という呼び声も高いステーキハウス。畏友・長野博氏（V6）とステーキ談議を行った折、「いやあ、肉好きなら『ピーター・ルーガー』に行かねばモグリですよ」と挑発した。長野氏は顔色を変えた。

「どういう肉なのですか？」

「ドライエイジングといいましてね、冷風を表面に当て続けて熟成させます」

その頃はいまほど熟成ブームでなく、私は得々としてつづけた。

「ただしね、あのエイジングルームは絶対立入禁止で、『大統領が来たって、ここだけは見せねぇ』と言うらしいですよ」

彼はそれ以来、私にたいして疑いなく劣等感を抱いていた。すべてにおいて私に勝っている男なのだから、一つくらいは負けてほしいところである。

それから一年ほどたって再会したとき、彼はスマホに収めた一枚の画像を示した。

「『ピーター・ルーガー』の……熟成庫です」

私は得意げに鼻をふくらませているにちがいない彼の顔を正視できなかった。訊けば「取材で訪ね、拝み倒した」由。

それ以来、私はめっきり「ピーター・ルーガー」の話をしなくなった。

「ウルフギャング・ステーキハウス」はアメリカのミニチェーンで、そうとう忠実に「ピーター・ルーガー」の味を再現している。

どうして「ハワイから殴りこみ」なのかといえば、日本のＷＤＩ社がフランチャイジーとしてワイキキ店を大繁盛させ、その余勢を駆って上陸させた店だからである。

店に踏み入れば、なつかしい「ピーター・ルーガー」の匂いにあふれていて、「ああ、この店はだいじょうぶだ」と思った。

前菜のオススメは巨大シュリンプカクテル、ただぶった切った（としか思えない、これまた巨大な）トマトとオニオンのサラダ。サラダは店オリジナルのステーキソースをつけて喰らうべし。オツな味わいである。

メインディッシュは「Tボーンステーキ」。

岩のように黒々と焼かれた表面、薄紅色の断面からは湯気が立ちのぼっている。大口をあけてかぶりつけば、口中を満たす肉汁のみずみずしいこと！

もはや多言は要すまい。肉好きならマストのステーキハウスである。

アメリカンビーフ・インベージョン（侵攻）の勢いはとどまるところを知らない。マンハッタンで「ウルフギャング」と人気を二分する「ＢＬＴステーキ」も銀座に進出。内装と夜景のバブリーさで鳴らす、ロイヤルクリスタル銀座ビル八階。

「プライムリブの盛り合わせ」は、こまやかな心配りの行き届いた焼き具合や、少しずつ食べられるプレゼンなど、こよなく日本的。繊細なステーキがお好みなら、ＢＬＴのほうが口に合うかも。うれしくも悩ましい、「究極の選択」だ。

「オールブラックス」はなぜ強い？

ビーフといえばＵＳ、あるいはＡＵＳ。しかしＮＺを忘れてはならない。ＵＳやＡＵＳ

の陰に隠れてやや印象は薄いが、芝公園「ワカヌイ グリルダイニング バー 東京」はNZビーフを食べさせる隠れ家風ダイニング。客は入り口で否応なしにガラス張りの肉熟成庫とご対面し、店の意気込みが伝わる。

看板料理は「オーシャンビーフ」。

熟成庫でじっくり寝かせた一キロの肉塊を備長炭でしっかり焼き上げていて、その黒々として堂々たる、骨付きの姿は圧巻という他ない。

ぐいっとナイフを入れ、フォークに刺して歯で噛みしだく。じゅわっとあふれ出る肉汁。さながら肉と格闘するおもむきで、NZのラグビー代表「オールブラックス」がなぜ強いかわかる。彼らならずとも勝利のハカダンスを踊りたくなる味わいだ。

この看板ステーキで終わらぬところが、「ワカヌイ」の恐るべき底力。

骨付きラムステーキが、旨いっ！

店内照明に映えるピンク色の断面は美しく、誇らしげでさえある。

ラムが苦手という日本人は少なくないが当然である。日本で納得のラム料理を食べさせる店は絶無といってよい。しかしパリやニューヨークはラムの旨い店に事欠かず、香りの健やかさや、味わいの清らかさでうならせる。フランス料理でラムは牛より格上で、ことに赤ワインとの相性は古典的定番だ。「ワカヌイ」でラムを喰えばうなずける。

フレッシュなラムの香りが消えぬうち、NZの赤ワイン・プロヴィデンスを流し込む。

優しい風味同士が響き合い、心は南半球の草原に飛ぶ。私は行ったことがないが、「地上にNZが存在してよかったー」と思う。

居ながらにしてすべてが手に入る街

ニューヨークで私が偏愛しているレストランといえば「ピーター・ルーガー」を含め、せいぜい五指に収まる程度だが、その一軒がこれまた上陸してしまった。「ジャン・ジョルジュ東京」。ミシュラン三ツ星「ジャン・ジョルジュ」の頭文字を冠した、カウンタースタイルの（やや？）ディフュージョン（普及）版。ちなみにシェフの名前はジャン-ジョルジュ・ヴォンゲリスティン。アメリカ人はとうてい発音できないため、ジョジョとかヴォンとかジャン-ジョルジュと呼ばれ、ビストロ「ジョジョ」やタイ料理「ヴォン」、そしてグランメゾンの「ジャン・ジョルジュ」をひらいてしまった才人である。

いまはまだ繁盛店とは言い難いが、たとえば「レモンゼリーとキャビア クレームフレッシュ」は「ジャン・ジョルジュ」の貫禄を垣間見せる。キャビアにレモンを搾るのはポピュラーだが、半分に切ってくりぬいたレモンにゼリーをつめ、キャビアを惜しみなくよそうという遊び心は、ニューヨークのセレブシェフならではといえる。

デセールの「フォンダンショコラとキャラメルアイス」は、いわば彼のデビュー以来のシグネチャーディッシュ。私は一瞬にして一九九一年のニューヨークにトリップした。

「ジョジョ」のせまい店内と厨房をせわしなく往来していた、若き日の彼の姿がよぎった。
居ながらにしてすべてが手に入る街、東京。その住人は幸せというべきか、それとも……。
ウルフギャング・ステーキハウス 六本木店 **WOLFGANG'S STEAKHOUSE Roppongi**
東京都港区六本木5-16-50
六本木デュープレックス M's 1F
☎03-5572-6341
11時30分〜23時30分(22時30分L.O.)
無休 カード可

BLTステーキ 銀座店 **BLT STEAK GINZA**
東京都中央区銀座5-4-6
ロイヤルクリスタル銀座8F
☎03-3573-1129
11時30分〜15時(14時30分L.O.)
17時〜23時(22時L.O.)
無休 カード可
ワカヌイ グリルダイニング バー 東京 **WAKANUI Grill Dining Bar Tokyo**
東京都港区芝公園3-4-30 芝公園ビル10F
☎03-5401-5677
11時30分〜14時L.O. 18時〜22時L.O.
無休(年末年始除く) カード可

ジャン・ジョルジュ東京 **Jean-Georges Tokyo**
東京都港区六本木6-12-4
六本木ヒルズ けやき坂通り1F
☎03-5412-7115
11時〜15時(14時30分L.O.) 17時〜24時(22時L.O.)
不定休 カード可

いまどきのイタリアン
本場の味とメニュー構成が鍵

メジャーどころを外す志向

バブル期の「イタメシ」ブームからもう二〇年以上がたったが、今なおイタリア料理の人気に衰えは見えない。

おそらくは同じようにお洒落なイメージのあるフランス料理とくらべて、敷居が低く、いくらか安い印象で、何よりも「素直に美味しい」と思える料理――代表選手は、もちろんパスタ！――があるせいか。

依然としてイタリア料理店のオープンは引きも切らず、そのうち結構な数の店が大いに繁盛している。

いまどきの繁盛店に特徴的なポイントとして、まず「①本場の味をつたえる」というあり方が挙げられる。本場の味を伝えるなどン十年前から行われていたのでは……とも思われようが、この頃は北イタリアや南イタリアでは飽き足らず、「イタリアの〇〇地方」しかもトスカーナとかヴェネトといったメジャーどころを外した辺りが都市生活者のハートをゲットしている。

たとえば広尾「アンティキ・サポーリ」。

都会の遊び人ならば、「『シカダ』のあった場所」と聞いてピンとくるはず。そこに入ったニューフェイスで、イタリアのプーリアに同名の本店がある。

四九〇〇円の「プーリアコース」は品数豊富でお得。

前菜は八品（たとえばズッキーニのスフォルマート、アンドリア直送チーズのストラッチャテッラ、魚介と大麦のサラダなど）。どれもプーリアが匂い立つような（……って、私はプーリアに行ったことがないのだけれど）、すこぶる土着的な趣の品々である。次いでパスタか肉料理どちらかをチョイスできる。パスタのイチオシは「スパゲッティ　いろいろな魚介のはいったスコーリオ」。万人の喜ぶ味わいに仕上がっていて素晴らしい。

ブラーチェ（肉料理）はハラミや馬肉といった変わり種もご用意。前菜ほどの感動がないのは残念だが、値段を考えれば大したもの。

ドルチェはおよそ五品。店内は女性客だらけであるが、お目当てはおそらくこのドルチェと若い男性スタッフに違いあるまい。ともあれ、「プーリア産直送リコッタチーズのカッサータ　アンティキ・サポーリ風」は美味しい。

出色は自家製オリーブオイル。店舗販売もしているので洒落た手土産にもなる。

また訪ねたくなるメニュー構成

「②メニューを絞り込む」。総花的なメニュー構成では安っぽい印象を与えかねないうえ、マーチャンダイジングの費用もかかるため、思い切ってシンプルな構成とする手法も増えている。

千駄ヶ谷「ボガマリ・クチーナ・マリナーラ」はシーフードしか出さない（すなわち肉料理は出さない）イタリアン。

路地裏の隠れ家といった佇まいで、サプライズ系デートや軽い接待に使われている模様。ただし内装はやや殺風景で、むしろ料理に専念すべき店ともいえる。

とりあえず氷で冷やしてあるショーケースのシーフードを見て、好きなものを料理してもらうという趣向。全国の漁港から直送してもらうため、その日の入荷状況によってメニューはいかようにも替わりうるが、おおむね外れはない。

印象的だったのはクスクス。クスクスはソースの味で食べるしかない料理だから、これが美味しいというのは味つけが確かな証左ではあるまいか。

「③少量多種のメニュー構成」。これは「②メニューを絞り込む」と真逆の方向性と他ならないが、いわゆるハイエンド型（で、かつミシュランの星を狙うような）レストランにおいては、ジャンルを問わず——イタリアン、フレンチ、または日本料理でも——主流のスタイルといえる。

「ポンテ デル ピアット」も広尾のお店。都会の食いしん坊ならば、「『アッカ』のあった場所」と聞いてピンとくるはず。

メニューは少量多種のコース仕立て。優に一〇品を超える構成で、アミューズにあたる「始まりの一口料理」からして、日本人の味覚のツボを心得つつも、本場イタリア料理の醍醐味を味わわせるという、離れ業をやってのける。

お店のシグネチャーディッシュにして私がもっとも感銘を受けた一品が「イカ墨とじゃがいものスープ カプチーノ仕立て」。

シェフが修業したイタリアの名店「レ カランドレ」仕込みの品と思われる。以前、イタリアの同店のシェフ、メートル以下のスタッフが東京のホテルニューオータニでフェアを催した折のことを思い出した。

「皿に添えてあるハーブを嗅いでから喰え」とか、極めつきは「口を開けろ」というから、何かと思えば、霧吹きでグラッパを注入された。しかしこういう仕掛けがすべて愉しく、許せてしまうのは卓抜したホスピタリティあればこそである。

「ポンテ デル ピアット」のサービスはむしろ控えめで、余計なことは言わないが、料理では大いに弾けている。「桜肉のタルタル　井深農園のサラダ添え」はエレガントな見栄えながら、馬刺し好きのオヤジもそそられる逸品。

「穴子とフォアグラのミルフィーユ仕立て」も、われわれがよく知っている和の食材としての穴子の魅力を活かしつつ、フォアグラのフランス料理的な妖艶さを加え、天晴な皿に仕上げている。

この日のプリモピアットはニョッキおよびリゾットで、メインは鴨肉のロースト。ドルチェも申し分ない出来とはいえ、しだいにアンティパストで味わえたような驚きが薄れていく印象。

とはいえ、すでに東京を代表するイタリアンの一軒なのは疑いあるまい。季節を変えてまた訪ねてみたい店だった。

アンティキ・サポーリ Antichi Sapori
東京都港区南麻布5-2-40 日興パレス1F
☎03-6277-2073
11時30分～14時30分L.O. 18時～22時L.O.
無休 カード可

ボガマリ・クチーナ・マリナーラ Bogamari Cucina Marinara
東京都渋谷区千駄ヶ谷4-7-5
☎03-6721-1858
11時30分～15時(14時L.O.) 18時～24時(22時L.O.)
日曜休 カード可

ポンテ デル ピアット PONTE DEL PIATTO
東京都渋谷区広尾5-19-7 協和ビル1F
☎03-3473-0707
11時30分～13時30分 18時～21時L.O.
月曜休 カード可

ハワイの日本食
話題の土地の旬なレストラン

むかしは美味しかった

一昨年はハワイ・オアフ島出身の大統領が日本をおとずれ、かの地のパンケーキ屋に長蛇の列ができ、フラダンスのブームも息が長い。

何かと話題のハワイであるが、じつはハワイのレストランは私の得意分野なのだ。その料理に着目して綿密なリサーチを重ねてきた……わけではない。

私の老いた両親が大のハワイ好きで、年に一度は私も旅行に誘われ、せっかくなら美味しいものを食べたいと思い、そこはつい職業意識が働き、グルメガイド『ザガットサーベイ』や口コミ情報、現地住人のブログなどで情報収集を行い、トライ・アンド・エラーを繰り返してきた……というわけである。

あいかわらず人気の高いリゾート地でもあるし、この際たまった情報を開示してもよかろうと考えた次第。

さてハワイではどういうレストランに行くべきか。いや、逆に行かないほうがいいレストランから先に書いていこう。

フランス料理。これは「ダメ」だ。

『ザガット』で評価の高いレストランをいろいろ試してみたが、結論としてハワイでフランス料理を食べる必要はない。

ハワイでもっとも有名なレストランといえば「アラン・ウォンズ」で、現地出身の大統領もひいきにしている。ジャンルは「パシフィックリム料理」とされ、「東洋の食材や料理法を取り入れたフランス料理風のアメリカ料理」という、まことに要を得ない説明しかできない。

少なくとも昔は美味しかったそうで、今でもその片鱗は味わえるが、ウォンさんは世界的シェフになってしまって「忙しい」ので、厨房に立たないのである。けっこういいお値段を取るのに内装もぱっとせず、サービスは流れ作業的である。

日本食ならハワイに限る？

で、「アラン・ウォンズ」に行くお金があるのなら、私はここをお勧めしたい。

その名は「レストラン和田」。

もちろん、日本食レストランである(笑)。そう、ハワイは日本食が素晴らしい。そしてハワイの日本食レストランはすこぶる繁盛している。日本人観光客が多いという地の利もあるにせよ、多くのレストランはあの手この手で「差別化」に余念がない。「レストラン和田」の立地はワイキキのビーチからすこし離れた、地元密着型ショッピングセンターの一角。とても気取ったレストランがありそうな立地ではないし、じっさい気取った店ではない。

そしてアメリカの日本食レストランといえば、どこか後ろ向きで、ひなびた感じを受けるところが多い。が、「レストラン和田」の店内はあくまでも明るく清潔で、決して高級レストランの佇まいではないが、ちょっと凛とした雰囲気さえある。西麻布の裏通りにでもありそうな雰囲気である（実際、この店で「超」有名女性歌手を見かけた）。

なかなか腕の立つ料理人で、お造りにしろ揚げ物にしろ、供されるものはもはや「日本食」でなく「日本料理」の域に達している。

そして看板料理は「牛タンのしゃぶしゃぶ」。

ワイキキで牛タンとは、にわかにイメージが結びつき難いが、仙台名物の牛タンはじつは大半が米国産だったため、BSE騒動で甚大な影響を受けたのを思い出す。

すなわちアメリカは仙台に負けず劣らず牛タンの「本場」ともいえ、じっさいすこぶるつきの旨さであった。

なめらかな舌触りのタンも素晴らしいが、十分な旨味を持ちつつも俗に流されぬダシがいい。そのダシにタンをさっと泳がせて食べ、最後はこのエキスが出たスープでラーメンを煮る。鍋を囲むと人は押し黙るが、このラーメンを食せば歓声があがるはずだ。

初めて食べた宵を境として、私の中では「ワイキキ=牛タンラーメン」という確たるシナプス形成がなされてしまった。

「凜花」は地元の日本人から熱烈に支持され、なかなか予約の取れない人気店。正直、寿司はたいしたことはない。ホルモンの辛い炒め物、ブリのかま焼き、カキフライといった「居酒屋メニュー」がいい。

こういう痒いところに手が届くというか、「普段着の味」は異国に住む日本人をしみじみと癒やす。すこし長めに滞在すれば、そのよさがじわりとしみる品々である。ふつうに美味しいことが、ふつうでなくうれしい料理といえようか。

東京との時差を忘れてしまう

さてこの春、もっとも度肝をぬかれた店といえば「ヴィンテージ・ケーヴ・ホノルル」。場所は観光客でにぎわう巨大モール「アラモアナショッピングセンター」内。しかしその入り口はまことに秘密めいている。

アラモアナセンターの広大な地下駐車場に入って、「VINTAGE CAVE HONOLULU」という控えめなプレートを目指す。プレートの横にあるドアをあければ、その向こうはワインシャトーのケーヴ（地下貯蔵庫）をモチーフとした、重厚にして豪奢な空間。壁一面は煉瓦でしつらえられ、ボヘミアグラスのシャンデリアがまばゆい。「ワイキキに来てまで、何が悲しくて地下でメシを食うかね」とも思うが、このインテリアは一見に値する。

カナッペ風の洋風スシ、ハリバット（オヒョウ）やラムといったフランス料理も外さない。そもそもワイキキには（金持ちは少なくないのに）ドレスアップして行けるレストランが皆無に等しいため、着飾って来てうれしそうに食事をしているアメリカ人客も見かける。そうした点でも青山か麻布辺りの高級レストランにいるような心地にさせる。「レストラン和田」や「ヴィンテージ・ケーヴ・ホノルル」にいれば、東京との時差を忘れてしまいそうだ。ありがたすぎて、ありがたくない時代になったようにも思える、そういう不思議な心持ちにさせる空間だ。

ハワイ前寿司

「鮨 佐々舟」は国内外を問わず、私の「好きな寿司店ランキング」でトップレベルにランクされる店。

ちなみに他はどういう店がトップかといえば、ニューヨークの「スシ・オブ・ガリ」、そして新宿・四谷の「すし匠」。「スシ・オブ・ガリ」ではセビーチェやカルパッチョ風のアバンギャルド・スシが出され、「すし匠」ではあん肝と奈良漬け、焼き秋刀魚《さんま》の大根おろしのせといった創作寿司が握られる。

逆にいわゆる「江戸前寿司」はどうにも単調に思えてならないのである。

「鮨 佐々舟」の寿司は両店とくらべたらいくらか穏当かもしれない。

しかし鯛＋肝、塩辛＋ヒラメという白身魚二貫をならべて出し、シアトル産の牡蠣や貝類、ノルウェー産のニシンを手練れの寿司に仕上げる腕前はただ者ではない。

あらゆるネタが旨い寿司となる所以は酢飯にある。これほど塩梅の見事な酢飯はそうそうあるものではない。

先に述べた「すし匠」は、じつは二〇一六年春にワイキキ店オープンが決まっている。

そのうち「寿司はハワイ前に限るねぇ」という日が、来ないとも限らない。

レストラン和田 Restaurant WADA
611 Kapahulu Avenue, Honolulu, Oahu, HI 96815
☎808-737-0125
16時～24時（23時15分L.O.）
月曜、祝日休　カード可

凜花 RINKA Japanese Restaurant
1500 Kapiolani Blvd., Honolulu, Oahu, HI 96814
☎808-941-5159
11時30分～14時（月曜～土曜）　17時～23時
無休　カード可

ヴィンテージ・ケーヴ・ホノルル VINTAGE CAVE HONOLULU
（会員制）
1450 Ala Moana Blvd., Honolulu, Oahu, HI 96814
☎808-441-1744
18時～22時
日曜休　カード可

鮨　佐々舟 Sushi Sasabune
1417 S King ST., Honolulu, Oahu, HI 96814
☎808-947-3800
12時～14時（火曜～金曜）　17時30分～22時
月曜・日曜休　カード可

3

人生さいごの午餐と晩餐

寿司
世界の言葉「スシ」に見る多様性

長っ尻しては野暮

日本人の好きな食べ物といえば、まず「寿司」である。昨今は国内のみならず海外にもファンが増え、故スティーブ・ジョブズ氏は晩年、地元の寿司屋に入り浸っていた由。世界中で新しい高級ホテルのテナントには寿司屋を入れるのがお約束で、大都市では回転寿司が大人気。もはや「スシ」はマクドナルドに劣らず「世界の言葉」となった。

本家日本では寿司は売り方がマルチ化し、百花繚乱の状況にある。そして業態や商品カテゴリーを超えて大繁盛している点、人気の高さがうかがえる。

巷の話題は回転寿司。

業界トップ企業は「スシロー」。休日は朝一〇時から待ち客が並び、売上高の伸び率は他店の追随を許さない。

人気の秘密は「ネタ」にある。原価率は実に五〇パーセント超で、チェーンレストラン業界平均の三〇パーセントを大きく上回る。一〇五円とは思えぬクオリティで、期間限定で売り出すトロやアワビに妥協はない。

牛丼業界が誰も望まぬ不毛な消耗戦に突入し、「安い・早い・うまい」(加えるに回転寿司は「楽しい」)のキャッチフレーズは、すっかり回転寿司に乗っ取られた感がある。

寿司屋自体が本来は屋台からの発祥で、長っ尻しては野暮な場所であった。実際に人気の回転寿司で食べると、回転寿司こそ真っ当な寿司屋ではないかとさえ思える。

回転派VS.高級派

たとえば新宿東口の「沼津港 新宿本店」。

人気店ゆえ、寿司にありつくまでの時間は決して「早い」とはいえない。

しかしひとたび席にありつければ、沼津名産の生シラスや生桜エビ、フレッシュな生トリガイや生ツブ貝、脂たっぷりのトロ等々、「口福」の波状攻撃に身悶える。

芸も細かく、カワハギには肝をのせ、蟹は身と蟹味噌の軍艦巻きで、活赤貝はにぎり寿司とヒモの軍艦巻きをひと皿に盛る。

実は以前、ルイ・ヴィトンの『シティガイド東京』で紹介したせいか(?)、外国人客もちらほら。微笑ましき寿司の国際争奪戦が繰り広げられている。

私見での東京一の回転寿司が「沼津港」とすれば、さて日本一は……。

京急久里浜線三浦海岸駅に降り立てば、潮風が鼻腔をつき、私は回転寿司モードに入る。目指すは大通り沿いに佇む「回転寿司 海鮮」。

つい素通りしがちな地味な店とはいえ、寿司のクオリティたるや尋常ではない。聞けば地元魚市場の入札権を持ち、朝とれの地魚が格安で手に入るのだ。

なので近海の魚や貝類が旨いが、何を食べても外れがない。アワビはフレッシュで、こりっと噛めば清いジュースがじわりと染み出る。金目鯛は肉厚で、口中の熱で立派な料理と化す。

しかし、とにかく、とにかく、大トロである。地元・三崎のまぐろでひと皿七五六円。「スシロー」七・五皿分の値段とはいえ、とろりと艶めかしい舌触りや、芳しいジュースを備え、都内の人気店も真っ青の上物だ。

この大トロ、炙ってもよし、鉄火巻きにしてもよし。「沼津港」は東京一、「海鮮」は日本一と信じているが、もっと上があればぜひ、教えてほしいものである。

回転寿司で終わっては読者のお叱りを受けそうなので、高級店から注目の一軒。「すし善」銀座店である。

札幌が本拠の名店で汐留・電通ビルの高層階で営業していたが、福原銀座ビル内に栄転。店主は嶋宮勤オーナーの娘婿で、東京店に懸ける意気込みが伝わる。

福原という名前でピンと来る方もおられようが、家主は「資生堂」オーナー一族の福原氏。地階に下りる階段や店構えは、さすがの高級感にあふれ、お値段もいくらかアップ(?)。

私のひいきは吉田氏で、一見して強面《こわもて》の頑固職人風だが、じつは笑顔がチャーミングな握り手である。銀座・帝国ホテルの「なか田」で働き、多くの弟子を育てた。六本木の名店「山海」の山崎正夫店主は「なか田」時代の同僚である。「すし善」のオーナーが同店出身というよしみで、白羽の矢が立った。

吉田さんの力量と人柄に惹かれた常連はあまたいると見え、氏に握ってもらえる席の予約難易度は高い。

正統派の江戸前寿司もさることながら、札幌仕込みの料理が面白い。活きたイカを目の前で捌き、山わさびで食べさせる一品は「すし善」名物である。大助(キングサーモン)やししゃもで、竹筒に入った「雪の華」が呑める贅沢もこの店ならでは。

京都の旅は、締め鯖で締める

寿司は江戸前に限る、とはいえ「きずし」の寿司、すなわち鯖寿司といえば上方である。全国メジャーといえば京都「いづう」だが、そこまでメジャーでない分(?)、「鯖街道花折」の鯖寿司が好ましい。

その昔、若狭湾の鯖に塩をまぶして京都に運搬したので、そのルートを鯖街道と呼ぶ。

この店は鯖街道終点に位置し、若狭の真鯖に浜塩をまぶす、古来の製法を守っている。銀色の肌、薄紅色の肉は見るだに美しく、ごくりと喉が鳴る。

分厚い鯖にがぶりと歯を立てる快感は他に代え難い。日本の料理には珍しい、歯応えの充実と、味わいの豊かさを備え、一切れ、二切れでやめようと思いつつ、気がついたら一本、丸々平らげているのに気づく。

京都の旅はテイクアウトして新幹線で食べる、しめ鯖で締めると決めている。

……という話を大阪在住の友人にしたら、彼は「けっ」と言った。「ぎょうさんカネを払ろうたら、うまいもの喰えて当たり前と違いますか。鯖街道とかいうて、付加価値つけて高いもの売るのが京の商法やさかい」

そう言って彼が教えてくれたのが、千日前「ふぐ料理 太政」。

河豚専門店の草分けの一軒で、下関から空輸した河豚を豪快にぶった切って出す。てっさやてっちりもよいが、鯖寿司は確かに旨かった。そして「花折」の「吟撰鯖寿し」五五〇〇円に対して、「太政」の「さば寿司」は二〇〇〇円。笑っちゃうような安さである。

見た目は「花折」のほうがエレガントで、高級品の風格を漂わせてはいるが、「太政」の味も決して劣ってはいない。

料理は「塩梅」とはよくいわれるところだが、もともとは「えんばい」と読み、塩と梅酢を合わせた調味料だった由。確かに、塩味と酸味の具合がピタリと決まった料理は、他の追随を許さぬものがある。そしてふぐ料理の味の決め手は、「ちり酢」。「太政」の自家製ちり酢は、ＪＡ徳島のスダチ、上等の利尻昆布、かつ節で拵《こしら》えた本格派だ。さすがの「塩梅」は、食い倒れの街ならではというべきか。

そういう店の鯖寿司が悪いはずがない。京都の鯖寿司が「品格の高さ」でうならせるとすれば、「太政」のそれは「親しみ深さ」で泣かせる趣がある。「太政」は横山やすしが愛してやまなかった店として知られる。ぶっきらぼうなほど正直で、庶民の喜怒哀楽に寄り添う味わいは、彼の芸に通じるところがあるかもしれない。

「黒門市場」内の「太政」（お持ち帰り専門店）は朝から営業していて、お昼の新幹線にも間に合うので重宝。

「花折」or「太政」？　……まあ京都と大阪とどっちが偉いかというようなもので、この両都市あればこそ日本は面白い。

いずれにせよ本場の「スシ」が堪能できるのは、日本に住む僥倖の最たるものである。

沼津港　新宿本店
東京都新宿区新宿3-34-16 池田プラザビル1F
☎03-5361-8228　11時〜22時30分L.O.
不定休　カード可

回転寿司　海鮮
神奈川県三浦市南下浦町上宮田3372-18
☎046-889-2565　11時〜21時
無休　カード不可

すし善　銀座店
東京都中央区銀座7-8-10
FUKUHARA GINZAビルB1F
☎03-3569-0068　11時〜14時30分
17時〜22時30分　日曜休　カード可

鯖街道　花折　下鴨店
京都府京都市左京区下鴨宮崎町121
☎075-712-5245　9時〜18時
元日休　カード可

ふぐ料理　太政　千日前本店
大阪府大阪市中央区千日前2-7-18
☎06-6633-4129　12時〜22時
元日〜1月3日、月曜休（4月〜9月）　カード可

イタリア料理店の絶品ステーキ

ステーキフェチにはいい時代

政財界のトップが愛したステーキ屋

近年「好きなメニュー」ランキングの首位といえば、焼き肉か寿司である。

しかし年齢別のランキングを見れば、年配ではステーキの人気が高い。

高度経済成長時代、ステーキは黒塗りの社用車や料亭の接待といった文脈に連なる「成功の象徴」といえた。事実、銀座や日本橋辺りには政財界トップの愛するステーキ屋が点在し、「一般ピープル立ち入り禁止」的オーラを発していた。

たとえば銀座「雅平」。

高級クラブの雑居するビル内で、八、九人も座れば満席という、カウンターだけの店。ご主人がステーキを焼き、奥さまが客をもてなす。客の平均年齢は七〇歳超、限りなく会員制に近い店であった。

だいぶ前、まだ三〇歳くらいの頃、予備知識を持たぬまま「雅平」の扉をあけた。

カウンターにいならぶ面々が一斉に私のほうへふりむいた。

「この若造、どこのどいつだ？」という顔。当て付けがましく「お勘定！」と言い、席を立った客さえいた。

ご主人と奥さまは終始、「若造」にたいして優しかった。銀座の奥深さを知る思いであった。

「雅平」のステーキは外側を豪快に焼き、内側を艶めかしいミディアムレアにのこす、当時としてはめずらしい正統派であった。

店とそのステーキ、そしてあのいやらしくもなつかしい雰囲気は姿を消した。

東京で最高レベルのステーキ

しかし近年、正統派のステーキをふるまう店が急増している。

共通点は「赤身」の旨さを知らしめる点。高度経済成長時代は「霜ふり」が「成功の象徴」であったが、このご時世には赤身の実直な味わいが好ましい。そして立派なステーキを出す店が必ずしも専門店ではないという点もわが国におけるステーキレベルの飛躍的な向上を物語るかに見える。

たとえば赤坂「キッチャーノ」。

イタリア料理店である。ただし店内には肉の熟成庫をディスプレーし、メニュー表記は

「その日の前菜（お決まり）↓お好きなパスタ↓肉↓ドルチェ」という構成。

「ぜったい肉を喰えっ！」というメッセージに他ならない。店内の小窓ごしに、シェフがむずかしい顔で、肉を横にしたり縦にしたり、焼き仕事に打ちこむ姿が見える。

その苦心は「美味しい！」という一点に結びついている。

極めつけは「松阪牛のイチボ」。

表面はきっちり均等の焼きあがりで、内側はむらのない深紅という火の通し。噛めば清らかな肉汁が、しっとりと喉を潤す。和牛ながらじっくり焼いて脂をおとしているため、くどさやしつこさは少ない。

東京イタリアンで肉料理といえば、バブル華やかなりし頃の「イル・ボッカローネ」、名店の誉れ高い「トゥリオ」、そして豚Tボーンステーキの「バッチョーネ」であった。だが「キッチャーノ」はイタリアンというジャンルを超えている。もはや東京最高レベルのステーキではないか。

二子玉川「テラウチ」もそのネーミングからは窺いしれないけれどもイタリア料理のお店。

寺内正幸氏は西麻布で「リストランテ寺内」を営み、ビーフステーキ、豚のTボーンステーキ、あるいはジビエなど、その豪快な肉料理で好事家をうならせたキャリアの持ち主である。

「リストランテ……」が惜しまれつつ姿を消した後、気づけば人里離れた（？）二子玉川の地元密着型商店街の片隅で、ひっそりと「テラウチ」が誕生していたのだった。

とうてい有名シェフのお店とはわからない、むしろ世を忍ぶかのような外観。しかしインテリアはエコ系というか、ぬくもりのあるデザインゆえ、気の置けない友人たちとの食事、家族団欒に打ってつけと思われる。

ステーキは一〇〇グラム単位（三六〇〇円）で炭火焼きする短角牛。むっちりと歯応えのある焼き具合は見事で、十二分に寺内節が堪能できる。

のびている東京の肉偏差値（？）

そして西荻窪の「トラットリア29」。これもイタリア料理店である。

29（ニク）とは脱力しかねぬほどベタなネーミングなのだが、店主の意気込みたるや並大抵でない。

イタリアでは精肉店兼飲食店で働き、肉について目と舌を肥やしている。

「日本の牛を食べ比べましてね、岩手の短角牛がイタリアの牛に近いのではないかと思いまして」

短角牛はいわゆるビステッカ風で、しっかり網目のついた焼き上がり。すでにして東京イタリアンで最高レベルのステーキだが、やや日本の牛を扱いかねている印象。

むしろ肉以外の品が安定している。突き出しの野菜スティックや、野菜とトリッパのカポナータ、クリーム状にした鮎のパテ、そして出色が「ボロネーゼ 肉肉肉のソース」。手打ちの麺により抜いた肉のミンチをからませ、肉と小麦粉と脂で口中と胃袋を充たす悦びがある。

むかしニューヨークで食べた「フランク」のボロネーゼがよみがえった。精肉市場のあるミート・パッキング地区で、市場の業者がポロシャツ姿でやってくるような店だった。良質の肉をたっぷり使えば、ボロネーズはかくも香ばしく悩ましい逸品となるのかと思った。

「フランク」なき今、旨いボロネーゼを喰うなら西荻を目指さねば。

おしまいは「ヴァッカロッサ」。

肉料理の腕前で名高かった渡邊雅之シェフが自身のイタリア料理店を閉め、心機一転してひらいた店だ。

再オープンの理由は、「土佐のあかうし」。

二〇年間イタリア料理のビステッカを焼いてきた渡邊シェフは、土佐のあかうしと出会ってたちまち恋におちる。あかうしは炭でなく薪で焼く。薪の火は面で当たる熱が拡散するため乾かないらしい。

席に着けばコース料理のスターターとして「リストラーレ」と題したスープが供される。

メニュー名（再生・回復）にいつわりなき、心なごむ味わいである。

そしてあかうしのパンチェッタ（生ハム）。きれいにこそがれた肉はほどよい塩加減で、しつこくない脂の旨味が素晴らしい。付け合わせは四〇分茹でたズッキーニのバジルソースで、かっこうの箸休めといえる。

パスタは土佐ショウガのアーリオオーリオ。人気店「オー・ギャマン・ド・トキオ」の「わさびのパスタ」は私の好物で、「香りが消えないよう、あえてチューブのわさびを使っています」と聞いて感心したが、「ヴァッカロッサ」の土佐ショウガのほうがパンチ力にあふれて必然性を感じさせた。

さあ、「土佐あかうしのビステッカ」。

薪の火で焼き上げられた表面は黒々としているが、ガチガチに固まってはいない。ウエイターがテーブルサイドで切り分けてくれ、その一枚は断面を上にして皿に置かれる。火の通った白とうっすら熱の入った赤の二層が美しい。美しいものは美味しい。ステーキとしての野趣を備えつつ、洗練された技術や優美なセンスが光っている。

高度経済成長とステーキの「昭和」は遠くなりにけり……とはいえ東京の肉偏差値（？）はすさまじい勢いでのびている。

いい時代になったという他ない。

ことステーキに関して、私たちは決して昭和をうらやむ必要はない。

キッチャーノ CHICCIANO
東京都港区赤坂3-13-13 赤坂中村ビルB1F
☎03-3568-1129
11時30分~14時L.O.(月曜~金曜)
18時~21時30分L.O. 日曜休 カード可

テラウチ
東京都世田谷区玉川4-5-6 1F
☎03-3700-5852
12時~13時30分L.O.(金曜~日曜、祝日)
18時~21時30分L.O. 月曜休 カード夜のみ可

トラットリア29 trattoria29
東京都杉並区西荻北2-2-17 Aフラッツ
☎03-3301-4277 18時~22時L.O.
月曜休 カード不可

ヴァッカロッサ VACCA ROSSA
東京都港区赤坂6-4-11 ドミエメロード1F
☎03-6435-5670
11時30分~13時30分(火曜~土曜) 18時~22時
日曜、祝日休 カード可

スパゲティ
日本人が偏愛するイタリア麺

わが愛しのスパゲティたち

「イタメシブーム」は遠く過ぎ、バブル崩壊やリーマン・ショック、大震災等々を経た今なお、「スパゲティ」の人気は高い。

様々な方より「美味しい店を教えてほしい」というリクエストを受けるが、「何料理がいいのですか」と聞き返せば、概ね「イタリア料理でお願いします」と答える。

イタリア料理はフランス料理や日本料理とくらべ、カジュアルかつリーズナブルというイメージで、何よりの強さはパスタ（またはスパゲティ）を備える点。多くのフランス料理店が、何食わぬ顔でパスタランチを用意している事実こそ、人気の証左に見える。

スパゲティ好きは日本人に限らない。

アメリカ人の「おふくろの味」といえば「マカロニチーズ」、そして「ミートボールスパゲティ」である。

レストランに目を向ければ、アメリカの有名グルメガイド『ザガット』のニューヨーク版（ネット版）を見れば、フランス料理店の掲載数一一二に対して、イタリア料理店は実に三三八軒。本家アメリカ料理の二四三軒をも凌ぎ、その圧倒的な人気の高さがわかる（ちなみに大ブームの「日本食」は一〇一軒でフランス料理を急追中）。

イタリア系アメリカ人が多い事情に加え、根っからのスパゲティ好きが、アメリカのイタリア料理人気を支えている。

もはやイタリア料理、ことにスパゲティは本能へ訴えかける料理に思える。また子供の頃から食べ続けているがゆえ、個人的な思い出と結びつき、誰しも「わが偏愛スパゲティ」を心に蔵してはいまいか。

今回は私の偏愛スパゲティを披露したい。

変わらず美しくてうれしかった

オープンして三〇年、都下国立市では有名な老舗「いたりあ小僧」である。高校生の私は初めて本格的な（と当時は思った）スパゲティと接し、「こういう素敵なスパゲティを食べている素敵な自分（笑）」に酔った。

国立を離れてだいぶたつが、時折無性にスパゲティが食べたくて故郷に帰る。

お目当ては「マーレの赤」。

海の幸をあしらった、トマトソースのスパゲティである。茹で上がりが素晴らしい。私はいまだ「いたりあ小僧」を超える、スパゲティの茹で具合と出逢えずにいる。「あつあつ・ぷりぷり・しこしこ」というスパゲティの三原則（?）を遵守。そして恐るべきは、ほぼ食べ終えて皿に残った汁。スパゲティの茹で汁とトマトソースが混ざり合い、妙なる味に昇華している。

「味噌汁の塩加減が理想です」

老マスターは控えめに言うが、味噌汁のように親しく、愛情深い味わいである。

開店以来トマトはイタリア産を使用。マスター曰く、

「トマトはイタリア産じゃないとイタリア料理にならないのですよ」

偏愛スパゲティに……ほろり。

たとえば初恋の女性と同窓会で出逢い、変わらず美しくてうれしかった……という感動と言えようか。

素直に食べ手の心を打つ

「メッシタ」の鈴木美樹さんの「一人イタリアン」。

彼女は「ラ・ゴーラ」「リストランテ　アモーレ」で名シェフ澤口知之氏の脇を固め、イタリアでじっくり修業を重ねた実力派。

満を持して、自分の「城」を持った……と書きたいところだが、カジュアルを通り越してラフ、またはワイルドな佇まいである。

大きい黒板いっぱいにメニューをチョーク書きして、ハウスワインはコップで出す。女性シェフの店らしからぬ剛直さは、料理で本領を発揮。タコとジャガイモのバジルソースは、素朴であるがゆえセンスや技術の光るひと品。必要にして十分の味つけが加わり、素材の表情が艶やかに変わる様は、素直に食べ手の心を打つ。

そしてアマトリチャーナのスパゲティ。

思い切った太麺で、甘酸っぱいトマトソースが泣かせる。日本人の舌に妥協せぬ、イタリア本場の味わいにちがいないが、なぜか心の琴線に触れる。まさにスパゲティの真骨頂ではないか。

静かに食したい逸品

「エル・カンピドイオ」は、西麻布のイタリア料理店「カピトリーノ」で一世を風靡した〝あの〟吉川敏明シェフのお店である。一九七七年創業の「カピトリーノ」はわが国イタリア料理店の草分けといえ、吉川氏はあまたの啓蒙的な専門書も著した、堂々たる斯界の大家である。

その吉川氏が、今はどこか世を忍ぶ風情で、たった一人で小さな厨房に立つ。営業は金曜〜月曜の一八時〜二一時のみ。接客は素人っぽいし、決してフルコースを頼まなければならない店ではない。いやむしろ、まなじりを決し、肩をいからせて挑むような、「食通」連中を拒むような佇まいさえある。

イチオシは「カピトリーノ」でも人気メニューだった、スパゲティ・ブッタネスカ。しみじみと味わい深く、ポッと出の「スターシェフ」が逆立ちしても敵わぬ風格が漂っている。

氏の偉大な貢献に対する畏敬を胸に抱き、静かに食したい逸品。

スパゲティが胸にしみた

三田の慶大前で三〇年商ってきた喫茶店「紙ひこうき」。同大生はほぼ一〇〇パーセント、「紙ひこうき」にお世話になってはいまいか。

私自身は「紙ひこうき」で、先輩にドイツ語を習った。砂を噛むような時間の後、たっぷりソースのチーズクリーム・スパゲティが胸にしみた。スプーンでソースをすくい、スパゲティにかけては食べた。

二〇一一年九月「紙ひこうき」は乃木坂に移転。

今はオリジナルケーキに力を入れ、大手広告代理店や芸能人らの特別注文が引きも切らず、結構な繁盛ぶりである。

チーズクリームのスパゲティを食べ、思わずフォークの手が止まった。

「紙ひこうき」の窓の向こうに、「未来」を見ていた日がよみがえった。私は今、窓の向こうにいて、スパゲティを食べている。

「わたしたち、もう六〇歳ですから」

オーナー夫妻が笑った。「窓の向こう」は存外、悪いものじゃなかった。

おまけ

「オー・ギャマン・ド・トキオ」グループの二号店「キャーヴ・ドゥ・ギャマン・エ・ハナレ」。

木下威征シェフは下駄履きで、檜の一枚板カウンターに手を突いて言い放った。

「せっかく日本人に生まれた以上、日本発信のフランス料理にしたいと思いましてね」

ギャマン（いたずら小僧）な眼はあいかわらず。本店で人気を博した卵料理は、トリュフをあしらっただし巻き卵に転生し、思い切った「和」への舵切りである。

密かな人気メニューは「梅ラーメン」。

和風スープに収まる麺は、イタリアのカペッリーニ。稲庭うどんと似てはいるが、食感の確かさはパスタならでは。

削ったばかりのかつお節、ごまを散らし、梅が入っている風情は梅茶漬けに通じる。

「和中伊」混合ラーメンと言えようか。食事と酒の〆として、これ以上の「ラーメン（パスタ?）」はあるまい。

思えばスパゲティにしろ、明太子や納豆バージョンは見事に定着し、「イタリア人もびっくり!」の千変万化が繰り広げられている。

「ハナレ」の梅ラーメンは、「食の万国旗的状況」の象徴に見える。

いたりあ小僧
東京都国立市東1-15-18 白野ビル1F
☎042-577-3388 11時30分〜15時30分
17時〜21時L.O. 第3火曜休 カード不可

メッシタ Mescita
東京都目黒区目黒4-12-13
☎03-3719-8279 17時〜24時
日曜休 カード不可

ホスタリア エル・カンピドイオ
東京都世田谷区桜丘1-17-11
☎03-3420-7432 18時〜21時L.O.
火曜・水曜・木曜休 カード可

紙ひこうき
東京都港区赤坂8-13-19 インペリアル赤坂一番館104
☎03-6804-3552
11時〜18時30分（18時L.O.） 火曜休 カード不可

キャーヴ・ドゥ・ギャマン・エ・ハナレ
CAVE DE GAMIN et HANARÉ
東京都港区白金5-5-10 B1
☎03-5420-3501
18時〜27時（26時L.O.） 日曜、祝日休 カード可

隠れていない穴場
日本人が食べ歩きを好むワケ

ほどほどに自慢したい

日本人ほど食べ歩き好きな国民はいまい。テレビを見ればグルメ番組だらけだし、アベノミクス効果なのか外食産業はいち早く不景気から脱却した模様。

中国人は概ね外食を好むが、それは台所が狭いとか、外で食べたほうが安く済むといった合理的理由のためで、日本人のようにあちこち食べ歩く国民はまれである。

日本人はなぜ、食べ歩きをするのか。安い店はともかくとして、わりあい高い店に行く理由はといえば、「あのお店に行ってきたゾ」と他人さまに吹聴したいがゆえである。安易に「日本人ほど……」とは言いたくないが、島国という地理的条件、鎖国という歴史的条件のため、日本人ほど（！）均質な国民は存在しない。

均質な国民が何を考えるかといえば、「出すぎず、埋もれず」である。均質性の中で出すぎると猛烈に目立つし、かといって、うかうかしていると完全に埋没してしまう。

「マイカーはロールス・ロイス」といえばドン引きされるが、なんの変哲もない乗用車では、一億総中流の波に沈没しかねない。そこで「ほどほど」の車を買って、あれこれ手を入れて愉しむわけである。

という事情ゆえか、しばしば「穴場の店を教えてくれ」というリクエストを受ける。すなわち他人さまが知らないような、行ってきたと自慢できるような店である。

自分のことをいえば、生まれてこのかた、「ヘンなやつ」と言われて久しいので、「出すぎず、埋もれず」という発想は乏しい。むしろ「路地裏の名店」だの「隠れ家風の佇まい」だのと聞けば、むらむらと反感に近い感情を抱く今日この頃である。

私にとっての「穴場」とは、「決して隠れてはいないが、いわゆるグルメにはその魅力が十分に知られていない店」。一般には知られている繁盛店で、必ずしもグルメが美味しい店を知っているとは限らない例証にも思われる。

アンテナショップは隠れていない

まずは銀座「坐来 大分」。

場所は銀座の真ん中で、まったく隠れていない。何しろ大分県のアンテナショップなのだから、隠れていてはいけない。

地方自治体のアンテナショップというと、「ご当地食材宣伝型B級グルメ」の印象が強い。しかし「坐来　大分」は小じゃれた内装と人なつっこい接客、そして何より美食王国大分ならではのA級グルメでうならせる。

圧巻は大皿に盛られたお造り。大分A級グルメの看板「関あじ・関さば」（入荷は要確認）が「どうだ！」という顔で鎮座している。他にも鯛など白身魚の旨さは特筆に値する。東京で白身のお造りが美味しいと思うことはまれなので、それだけでも存在価値が高い。

……というようなことを仕事で知り合った、穴見陽一代議士（九州ファミレスの雄「ジョイフル」の二代目でもある）に言ったら、マンガ『巨人の星』の左門豊作のような丸顔の目を細めた。

「あそこは藤林さんの忘れ形見でね……」

私は不明を恥じた。「坐来　大分」をプロデュースした故藤林晃司氏は、湯布院を代表する旅館「山荘無量塔《むらた》」のオーナーだった。今日の湯布院の興隆は彼あればこそと言っても過言ではない。

穴見さんお墨付きの穴場である。

二軒目は青山「ブノワ」。

世界的な料理人アラン・デュカス氏がプロデュースした人気店で、それだけに自称（？）食通は「どーせ、ミーハーな店だろ？」的な視線を向けがちだ。私自身も以前、拙宅の近所の四谷「すし匠」で、「デュカスって、日本をなめてないかァ〜？」とくだを巻いていた。そうしたらご主人が「横川さん、シーッ！」と言って、すこし離れた席のほうを示した。見るとアラン・デュカス氏がいて、通訳が私の話を逐一伝えているらしかった。

……というようなことを後日、デュカス氏本人に話したら苦笑いし、「ブノワ」がいかに優れた店であるかを力説された。

実際「ブノワ」はすこぶる好ましい店である。私は会食場所に困れば、とりあえず「ブノワ」を押さえる。

北平敬レストランマネージャーのキャラがいい。料理解説の語り口は立て板に水、というかマシンガントークで、それが決して嫌みにならず、かっこうの食欲増進剤となる。私の最近のお気に入りは「帆立貝のポワレ　グリーンアスパラガス」だが、彼のトークを聞いて好きになった一品の気がする。

デュカス氏お墨付きの穴場である。

三軒目は何となく（？）見つけたお店。

私の年老いた両親と三越劇場で新派を見ることになり、その近場で短時間で食事ができる場所はないか探してみた。

かの「マンダリン　オリエンタル　東京」が入っている日本橋三井タワー内で、地中海料理のランチブッフェをやっていることを突き止め、試しに予約を入れてみた。

「ヴェンタリオ」という店。巨大商業ビルのアトリウムゆえ、少なくとも天井の高さでは東京屈指（？）のレストラン。この空間をモダンと見るか寒々しいと見るかは人それぞれだが、料理は疑いなくクールである。

端正に整えられた品々はコンテンポラリータッチというにふさわしく、ホテルならではの技術の確かさにうならされる。お約束のローストビーフにしろ付け合わせのポテトピューレで手抜きをしない点、なかなかの目線の高さを感じさせる。

飛び抜けて美味しい料理があるかといえば微妙ではあるが、そこはむしろビュッフェの限界と考えるべきであろう。デザートも通り一遍に堕さず、ピスタチオクリームのシュークリーム等のひねり技も見せる。

私は両親と口を揃えた。

「ここは、穴場だ」

団地から歩いていける範囲

最後はファミレス「カウボーイ家族」。

私が贔屓にしているのは国立店で、土曜、日曜の午後六時ともなれば待ち行列のできる大繁盛店だ。あのロイヤルホストが手がけるチェーンで、二〇一〇年に第一号店をオープンして以来、競争の厳しいファミレス業界にあって一店も閉店していないのは敬服に値する。

まずはテーブルの大きい点が好ましい。特にファミレスは同時に数皿が運ばれるケースが多いが、三、四皿も並ぶとテーブルが埋め尽くされる。「カウボーイ家族」ではテーブルが広々と使え、心置きなくサラダバーのサラダやらスープやらカレーライスを並べられるのがうれしい。

特筆すべきは、そのサラダバーのクオリティ。コーンクリームスープやスパゲティのソースの味わいにおける卓抜の安定感は、ロイヤルホストの伝統あればこそ。

そして何よりもステーキ。ぶ厚いアンガス牛を溶岩グリラーで焼き上げるステーキは、そこいらの専門店がしっぽを巻いて逃げだす（べき）クオリティだ。ロイヤルホストの強みはその食材調達能力。牛は上等のアメリカ産を買ってきて、部位によってステーキやハンバーグに切り分けるなど、供されるステーキはすこぶるプロフェッショナルかつマニアックな製造工程を経てきている。

アメリカで足かけ六年暮らし、アメリカンステーキフェチを自認する私自身が、「今日は美味しいステーキをガッツリ食べたいな」という時、ほぼ迷わず「カウボーイ家族」に繰り出している。

おのずと「カウボーイ家族」の国立店に足を運ぶのには私的な事情もある。私は三歳から一四歳までの一一年間を、店の窓から見渡せる国立富士見台団地で過ごしたのである。日本は高度経済成長期の真っ只中で、子供たちはすこぶるアツイ毎日を送った（そしてこの団地から、俳優の宇梶剛士や英国ロイヤルバレエプリンシパルの吉田都、芥川賞作家の多和田葉子などが巣立っていった……)。

私はテーブルの上にスパゲティやらスープやらサラダを並べ、湯気立つステーキに、ぐいっとナイフを入れる。そして、ふと窓の外に目をとめる。

「あの頃、団地から歩いて行ける範囲に、まともなレストランなど、存在しなかったなあ……」

その想いがまた、ステーキの極上のスパイスとなるのである。

坐来 大分
東京都中央区銀座2-2-2 ヒューリック西銀座ビル8F
☎03-3563-0322
月曜~金曜17時30分~23時(22時L.O.)
土曜16時~22時(21時L.O.)
日曜、祝日、年末年始、お盆期間、第1土曜休 カード可

ブノワ BENOIT
東京都渋谷区神宮前5-51-8 ラ・ポルト青山10F
☎03-6419-4181
11時30分~16時30分(14時30分L.O.)
17時30分~23時30分(21時30分L.O.)
無休(年末年始除く) カード可

ヴェンタリオ VENTAGLIO
東京都中央区日本橋室町2-1-1
マンダリン オリエンタル 東京2F
☎0120-806-823
11時30分~14時30分(土曜・日曜、祝日11時~16時)
17時30分~21時 無休 カード可

COWBOY家族 国立店
東京都国立市富士見台2-35-16
☎042-580-0044 11時~15時30分
17時~23時30分(月曜~金曜)
11時~23時30分(土曜・日曜、祝日) 無休 カード可

裏メニューで知る底力

使い勝手のいいホテルダイニング

根強い御三家信仰

かつて、ホテルのダイニングは「高級レストラン」の代名詞であった。

ことに「御三家（帝国ホテル、ホテルオークラ東京、ホテルニューオータニ）」はフランス料理啓蒙の役割を担い、業界を牽引し続けた。

しかし外資系高級ホテルの上陸が相次ぎ、ミシュランの三ツ星は「ジョエル・ロブション」や「カンテサンス」など「非ホテル系」に持っていかれ、往年の勢いはない。

とはいえホテル――とりわけ「御三家」――は重宝である。

たとえば東京駅に降り立ち、タクシーの運転手に御三家の名を告げれば、まず住所を説明せずに目的地までたどり着ける。

外資系ホテルはそこまで知られていないし、似たような名前が多いため、往々にして客と運転手の双方に混乱が生じる。

たとえば「パークハイアットまで」と伝えた（あるいはそう伝えたつもりになった）とする。もし確認を怠れば、同系列の「グランドハイアット」、もしくは新宿の「ハイアットリージェンシー」や「新宿パークホテル」、果ては汐留の「パークホテル東京」や「芝パークホテル」、人形町の「ロイヤルパークホテル」に連れて行かれ、「お口、パークパク」となる可能性は大いにある。

外国人など東京に詳しくない客との待ち合わせにも打ってつけだし、年配客を中心として今なお「御三家信仰」は根強い。

顧客に選ばれ続ける懐の深さ

さて、そういう「御三家」の活用法。

概ねホテルは「非常連客」に対してよそよそしく、時には無礼でさえある。

そこで「裏技」を伝授したい。

すなわち、「裏メニュー」。

「あのさ、例の◯◯◯、お願いね」と（内心の緊張を隠して）言いおおせれば、ホテル側に「この客、常連だったっけ?」と、めでたく勘違いさせることもできうる。

そして「御三家」のような老舗は実際、常連客をとらえて離さない「裏メニュー」をしっかりキープしている。ホテル戦国時代においても顧客に選ばれ続ける、懐の深さというか、底力を感じさせる。

で、まずは御三家の最長老・帝国ホテル。明治期に鹿鳴館の隣で開業し、紀宮様（黒田清子さん）の結婚式に用いられるなど、プレステージ感で他を圧している。

ひと頃は老朽化が目立っていたが、一八〇億円をかけて大リニューアル。地階の「北京」も中国料理店として都内屈指のゴージャス感がある。さすがに値は張るが、クラゲの冷菜や北京ダック、海老のチリソースといった王道メニューが旨い。

「北京」の裏メニューは「酸辣湯麵《サンラータン》」。

俗情に訴える（？）庶民的な酸味が売り物のラーメンながら、「あのさ、例の酸辣湯麵、お願いね」と言えば、特に驚いたふうもなくオーダーを通してくれるはず。

お味はしっかり酸味が効き、二日酔いのお昼にかき込むのが正しい利用法。

……という活用法を、私は某有名ＩＴ企業社長のブログで知った。天下の帝国ホテルを酔い覚ましに用いるとは、ワイルドな御仁である。

次はホテルオークラ東京。

今では知る人も少ないが、創業者・大倉喜七郎は戦前、帝国ホテルの経営者であった。しかし戦後の公職追放と財閥解体のため、大倉は同ホテルを離れる。東京オリンピックを控えた一九六二年、元財閥総帥にして男爵のプライドを懸けて創ったホテルこそ、ホテルオークラ東京なのである。

その「バロン（男爵）オークラ」は一万本のストックを誇るワインバーで、同ホテル内「ラ・ベル・エポック」のフランス料理がいただける。そして実は同じくホテル内「桃花林」の中国料理も注文ができる。

それだけでも裏技っぽいが、さらに裏メニューをお望みであれば「フカヒレの刺身」。フカヒレを戻して冷製にした一品で、透明感のある見た目や味わいがシャンパンにぴったり。たとえば決めのデートで、サプライズな演出に用いるべし。

シャンパンに合う裏メニューでは、他に「具なしかた焼きソバ」がある。

ご高齢の常連客がこの一品をつまみに、高価なシャンパンをちびちびやっていると聞いた。三ツ矢サイダーとベビースターラーメンの組み合わせの超高級版、といえば筆者のお里が知れるか。

カクテルでは必ずしもオークラオリジナルではないけれども、オークラ通を自認するならば「ブルショット」を知らねばモグリである。ビーフコンソメスープを氷で冷やしたところにウオッカを入れ、塩とコショウで味を調えたカクテル。ちょっとオードブルのような趣で、こうした卓抜なるブルショットが出せるのも、オークラ品質のビーフコンソメスープあればこそ。「バロン　オークラ」のあったホテルオークラ東京本館は二〇一五年、惜しまれつつ解体されてしまったが、現在は別館にて営業中。二度目の東京オリンピックに向けて、本館と「バロン　オークラ」がどう生まれ変わるか、興味は尽きない。

最後はホテルニューオータニ。二〇〇七年秋に威信をかけた本館の大リニューアルが行われ、同ホテルの中国料理店「大観苑」も別の店かと思うほどのお化粧直しが施された。赤坂御所を見晴るかす眺望も素晴らしく、接待には王道というか鉄板的な存在といえるが、有名すぎるがゆえ意外と盲点にも思われる。

裏メニューは、フカヒレビビンバ。石鍋のチャーハンにフカヒレをのせた、ビビンバのロールスロイスともいうべき豪華版。これは同店を長年にわたって贔屓にしている方から教わった代物で、頼めるようになるまでは長い時間と信頼の蓄積が必要、かもしれない。とはいえ大阪のホテルニューオータニではＨＰに載せていたこともあるので見込み薄とも言い切れない。まあ、いずれにせよ、ホテルニューオータニにとっては、こういう情報を漏らされると迷惑以外の何物でもなかろうが……（スミマセン）。

華やかなりし時代に思いを馳せる

「御三家」以外の日本のホテルでは、プリンスホテルグループに触れておきたい。

同グループの旗艦ホテル「ザ・プリンス パークタワー東京」内にある「天芝」は、誰に勧めても不安のない天ぷら店である。

技術と接客に長けた揚げ手をそろえ、常連客のわがままにも柔軟に対応。

裏メニューは、「卵の天ぷら」。

卵黄を天ぷらにしてくれ、こいつを茶碗に軽くよそったご飯の上にのせ、醤油を垂らして食べる。米、醤油、脂が混じり合い、日本人の急所を突いた味わい。旨い！

「天芝」の現スタッフは遠藤料理長をはじめ、東京プリンスホテル内「福佐」出身が多い。さらにいえば遠藤氏は現パークタワーの地にあった、西武系のゴルフ練習場のレストラン出身。舌の肥えた客に鍛えられ、天ぷらのクオリティが飛躍的に高まった由。

「福佐」も「天芝」も根強いファンで連日の大盛況。ゴルフ練習場時代からのごひいきも少なくなく、客層の質の高さは半端でない。老舗ホテルの実力を思い知らされる。

東京プリンスホテルはパークタワーの陰で存在感こそ薄れたが、全館に一九六四年創業の風情が漂っている。

同ホテル内「ティーサロン ピカケ」にも、プリンスらしい裏メニューがある。

それは、「フルーツパフェ」。

このたび常連しか知らなかった裏メニューが「マヤのフルーツパフェ」として復刻され、堂々と（?）オーダーできるようになった。マヤは少女漫画『ガラスの仮面』の主人公で、作中で彼女が日本のエンタメ界のドンとパフェを食べるシーンが登場する。東京タワーのお膝元でこのすこぶるクラシックなパフェを味わえば、心は「三丁目の夕日」色に染まる。

日本の高度経済成長を見届けてきたホテルで、いっとき追憶にふけるのも悪くない。

華やかなりし時代に思いを馳せうるのは、経済成長の終わってしまった国に生きる者が持つ、ささやかな特権である。

中国料理　北京　帝国ホテル店
東京都千代田区内幸町1-1-1
帝国ホテルタワー地下1F
☎03-3503-8251
11時30分〜21時30分L.O.　無休　カード可

ラ・ベル・エポック／バロン　オークラ
（フランス料理／ワインダイニング）
東京都港区虎ノ門2-10-4 ホテルオークラ東京別館12F
☎03-3505-6073
朝食7時〜10時　ランチ11時30分〜14時30分
ディナー17時30分〜21時30分
ワインダイニング21時30分〜24時
（17時30分〜21時30分個室利用のみ可）
無休　カード可

大観苑
東京都千代田区紀尾井町4-1
ホテルニューオータニ ザ・メイン16F
☎03-3238-0030
11時30分〜22時（21時30分L.O.）　無休　カード可

天ぷら　天芝
東京都港区芝公園4-8-1
ザ・プリンス パークタワー東京B1F
☎03-5400-1111（代表）
11時30分〜14時30分（L.O.）　17時〜21時30分（L.O.）
無休　カード可

ティーサロン　ピカケ
東京都港区芝公園3-3-1 東京プリンスホテル1F
☎03-3432-1144　9時〜20時30分（L.O.）
無休　カード可

テイクアウトは「美味しい」

ヘビーユーザーたちの気持ち

外食が億劫になってきた

「食評論家」としてヤバイと思うけれども、近年とみに外食が億劫になっている。もっとも大きな原因は「酒をやめた」ためである。なぜやめたかを書けば一冊の本になる(!)が、ひと言で言えば「仏教をガチで勉強したい」と思ったからである。「え、お坊様はふつうに飲酒しているじゃない？」と言われるかもしれないが、お釈迦様は明白に「お酒はやめなさい」とおっしゃっている。それは出家したお坊様というよりも、むしろ在家（一般の信者）の戒めである。すなわち仏教の「プロ」たるお坊様は当然、禁酒してしかるべきなのである。

およそ仏教のお坊様が大っぴらに酒を飲む国は日本だけである（しかもお坊様ご自身が営むバーまである始末）。おそらくはその時々の政権と結びつき、庶民の生活に入り込むことで命脈を保ってきた、独特の歴史的な背景（現実主義？）ゆえと思われる。

ともあれ、酒を断つとそれまで気づかなかったことが、いろいろ見えてくる。まず酒を呑まずに二時間、三時間を食事に費やすのは拷問に近い。そもそも長い時間をかけて食事するのはいわゆる有閑階級の特権で、（少なくとも日本の）庶民がそれを真似しはじめたのはつい最近のことである。

またおのずとレストランという場所の居心地の悪さにも思い至った。

まあ、たとえばフランスの三ツ星レストランならば、ブルゴーニュの緑なす丘が見晴らせ、あるいは昼下がりの陽が照らすレマン湖の眺望が見渡せ、またはセーヌ川の向こうにノートルダム寺院が望め……というシチュエーションも現実にありうる。

が、安っぽい複製画のかかった暗い部屋で、赤ら顔の男女が大声でわめき立てる空間は、まったくもって貴重な人生の一部を割くに値しない。

また好きな料理を家に持って帰れば、めかしこまず、ごろりと横になってテレビでも見つつ、好きなペースで食べられ、女性にはうれしいはず。そして頻繁に利用しはじめてわかったが、テイクアウト料理は思いのほか短時間で用意してもらえるし、あらかじめ時間指定しておく手もある。それに根拠の薄弱な「サービス料」を払わずに済む。

すなわち、テイクアウトは二重、三重の意味で「美味しい」のである。

と、「外食先進国」でもあるアメリカの連中は気づいたにちがいない。彼の地で暮らしていた頃、レストランでテイクアウトの客が多いのに驚いた。

料理の入った紙袋を携え、嬉々として帰って行く彼らを見て、「せっかく店にまで来たのだから、食べていけばいいのに」と思ったものだ。

その自分がテイクアウトのヘビーユーザーになろうとは、人生わからない。

そして次に挙げる店は、私と同じような考えの客でなかなか繁盛している。

この二つの店ゆえ転居が考えられない

まずは麴町「アジャンタ」。

旧日本テレビ本社のお向かいで四〇年以上(創業一九五七年)も商ってきた、インド料理店の草分けとしてつとに名高い老舗。「食べログ」の評価も高いが、その「お弁当」はカレー三種類+ナンで八三〇円と格安ゆえ、近隣のオフィスで働くサラリーマンやＯＬの熱い支持を受けている。

「お弁当」で飽き足らぬ私は、つねに電話で「アラカルト」を注文する。お弁当以外の料理を頼む客など珍しいようで、必ずしも日本語が堪能とはいえぬ店員と珍問答になる。

「テイクアウトの注文を、お願いしたいのですが」

「オ弁当ネ」

「いや、アラカルトで。まずタンドリーチキンを一つ」

「タンドリーチキン弁当、ヒトツ」

「いいえ、アラカルトです。それから、サグチキンを一つ」

「サグチキン弁当、ヒトツ」

「だから弁当でなく、アラカルトで……」

といったやりとりを繰り返し、オーダーを終えると脇の下が汗ばむほど疲れる。

が、お店で受け取った料理を家のテーブルに並べれば、その華やかさに頬が緩む。

タンドリーチキンのジューシーなること、サグチキン（ホウレンソウのカレー）のノーブルなること、チキンティッカマサラのハートフルなること……。カレーには大きめのチキンがごろごろ入っていて、味とボリュームで圧倒的なまでの満足感が得られる。

わが家のテイクアウト利用で「アジャンタ」と双璧ともいえる存在が「ジャスミンタイ四谷店」。

おなじく「食べログ」の評価も高いので、わざわざ遠方から食べに来る客も多く、そもそも満席で入れないことも珍しくない。

その点でも同店の料理がテイクアウトで楽しめるのは有り難い。タイ料理ファンとして都内の有名店はあらかた食べ歩いたけれども、疑いなくハイレベルの料理。ちなみに私の国内における不動のナンバーワンは幡ヶ谷「セラドン」で、もっと美味しいタイ料理店があればぜひ、教えてほしいくらいだ。

で、「ジャスミンタイ」は何を食べても外れないのがえらい。私はおおむね、ヤムウンセン、グリーンカレー、ガパオライスを頼むが、最近のイチオシはカオマンガイ。鶏のおダシで炊き、ショウガで香りづけしたタイライスは、あやしげなまでの中毒性を帯びる。

何を隠そう拙宅は「アジャンタ」と「ジャスミンタイ」の間にある。それだけの理由でも転居はとうてい考えられない。

お墨付きの取り合わせ

先の「アジャンタ」は日本にはじめてキーマカレーを伝えた店でもあるが、上野「井泉」は日本ではじめて（＝すなわち世界ではじめて）カツサンドを供した店である。

上野広小路に近い路地裏で佇む、今となっては古い日本映画の中でしか見られないような、奥ゆかしい風情の家屋である。

揚場とカウンター、帳場、そして揚げ手やお給仕の女性……。長野県生まれ、東京郊外育ちの自分でもなぜかなつかしい光景。

テレビをつければ大鵬《たいほう》が四股《しこ》を踏み、村山のフォークボールを長嶋がレフトスタンドへ叩き込むような、錯覚さえ覚えかねない。

そしてカツサンド。パンとカツ、肉、ソースのバランスはもはや黄金比の域に達している。

「井泉」のカツサンドの考案者は初代の女将。界隈は下谷花柳界の中心地で、黒塀に柳がなびき、人力車が行き交う「粋」な横丁だった由。「井泉」のお座敷でも芸者衆が踊りを見せていて、そういう彼女たちが口紅を落とさず食べられるものとして、カツサンドは考え出されたのだった。

カツサンドはテイクアウトしてもいいし、イートインならば、六切れ入りが九〇〇円で食べられる。そのきめ細やかさも心憎い値段設定。下町の心意気をつたえる店で、六時ともなれば待ち客の出る大繁盛も宜なるかな。

最後に私見では「最強」のテイクアウト専門店をご紹介したい。

「籠清 小田原江の浦店」

小田原蒲鉾《かまぼこ》では「鈴廣」と人気を分かつ、言わずと知れた老舗。この「籠清」が真鶴道路の途中でドライブインのようなお店をひらいている。

海岸沿いの自動車専用道路ゆえ、わざわざ蒲鉾だけを買いに出かける店ではないと思うけれども、揚げたての蒲鉾を目当てに立ち寄るヘビーユーザーは少なくない。

蒲鉾といえば冷たい保存食のイメージだが、ここは揚場から直接、湯気立つところを商品棚に並べるという、ライブ感あふれる代物なのである。

「籠てまり」と題した蒲鉾は拳骨さながらの見た目と大きさで、具はイカと海老から選べる。いわし棒もデカイ。こいつを食べたら鰯は当分、見たくもなくなる(はず)。

オススメは「フィッシュとポテト」という人を喰ったようなネーミングの一品。

揚げ蒲鉾にハッシュドポテトのような風情の細切れジャガイモを忍ばせてある。なるほど考えてみれば、魚とジャガイモの揚げ物こと「フィッシュアンドチップス」は大英帝国の国民食として、長らくかの国の栄耀栄華を支えてきたではないか。言わばお墨付きの取り合わせなのである。

いやあ、テイクアウトは「おいしい」。

「外食離れ」にますます拍車のかかりそうな、今日この頃である……。

アジャンタ AJANTA
東京都千代田区二番町3-11
☎03-3264-6955
10時〜24時（日曜は23時30分まで）　無休　カード可

ジャスミンタイ　四谷店
東京都新宿区四谷1-17 後藤ビル1F
☎03-5368-1091
11時30分〜15時　17時〜23時　無休　カード可

井泉　本店
東京都文京区湯島3-40-3
☎03-3834-2901
11時30分〜20時30分L.O.（日曜、祝日は20時L.O.）
水曜休　カード不可

小田原　籠清　小田原江の浦店
神奈川県小田原市江の浦407
☎0465-29-0550　9時〜19時
元日休　カード可

ラーメン
自他ともに認める日本のソウルフード

食べたいけれど食べられない

「人生最後の晩餐は？」

……という問いを時折、読者諸氏は受けるのではないか。私も訊かれるが、答えはおおむね決まっている。

「寿司または焼き肉」。

典型的なオヤジ的反応で説明の要もあるまい。日本におけるご馳走の王様で、最強のアイテムと他ならない。これをもって会話も終えられ、すこぶる便利な回答といえる。

そう言い切っておいて、しかし心に何か滞っているのを無視しえない。

――ラーメンは、どーする？

ご馳走ではないけれども、これほどストレートに本能へと訴えかける食べ物もあるまい。

町を歩いていて飲食店の前に行列があれば、おおむねラーメン店と考えて間違いないし、統計的にも日本で最大の店舗数を誇る業態と思われる。そして「カップ」ラーメンはもはや日本人の生活必需品と化し、海外では日本らしさの象徴といった扱いである。すなわちラーメンこそ、自他ともに認める日本のソウルフードに違いない。

私も日本人なのでラーメンは大好きだけれど、一年を通じてほぼ食べることはない。理由は簡単で体重が増えるせいである。

炭水化物と脂質という栄養成分構成ゆえ太るのは当然といえるが、そもそもすこぶる美味しいという事実こそ問題と思われる。「これでやめよう」と思えず、いつまでも食べていられる。塩辛いので必然的に水分摂取の量も増え、物理的にも体重は増えて当然。

食べたいけれど食べられない。そういう切ないラーメンをいまわの際に食べたいかと言えば微妙で、やっぱし寿司か焼き肉にしたい。けれども人生最後の「午餐」と言ってもらえれば、これは迷わずラーメンで決定だ。死ぬ前には一度、心ゆくまでラーメンを味わっておきたい。

もっとも死を前にして、今さら人気のラーメンでも、巨匠のラーメンでもあるまい。本能の命じるまま、ひたすら自分の五感を楽しませるラーメンをこそ、人生最後の午餐としたい。

ダイエットを考える前（二〇一一年くらいまでかなあ）まで、ラーメンは旺盛に食べていた。ことに学生時代は山本益博著『東京・味のグランプリ』を片手に東京中のラーメンを食べ歩き、いっぱしのラーメンフリークだったのだ。

すさまじい光景の一部となる

そういう私のラーメン過去帳リストの最上位といえば、まず「蒙古タンメン中本」。今さら人気のラーメンでも……とは書いたが、ラーメン好きであれば言わずと知れた、行列必死の人気店。しかし「最後の午餐候補」から外せぬ、我が偏愛ラーメン店なのだ。

そのきっかけはと言えば、（唐突だけれども）ラスベガスだった。勤務先の大学で学生を引率して彼の地へおもむき、研修の合間に暇な時間ができたので、場末のような場所の日本食レストランに入った。

そこで食べた「麻婆豆腐ラーメン」が、（まあ日本食に飢えていたせいもあるが）すこぶる旨かった。日本でも食べられないかと思い、ネットで「麻婆豆腐 ラーメン」と検索して、「蒙古タンメン中本」に行き着いた。

その新宿店で食べた蒙古タンメンすなわち麻婆豆腐ラーメンの美味だったこと！

いや、ただ美味というのは正確ではあるまい。最初のひと口で口蓋全体につたわるのは、塩味や旨味にも増してその激烈な「辛味」である。

自分は辛さへの耐性は強いと思っていたけれども、顔面はたちまち汗と鼻汁と涙、およびラーメンの湯気などの水分で覆われた。気づけば、めいめいの客の前にはあらかじめティッシュが用意されている。常連客が競うようにして鼻をかみ、ラーメンを啜る様は、根比べというか、我慢大会というか、凄まじい光景に思われた。

しかしその翌月には、他ならぬ自分がその光景の一部と化していた。

わたしは週に二、三回のペースで通う、立派な依存症患者となった。しだいに蒙古タンメンの辛さでは飽き足らず、その上の「北極ラーメン」に挑むこともしばしばだった。これを食べ終えればサウナに入った後のような爽快感、および譬れのない達成感を覚えた。

とはいえ「蒙古タンメン中本」のラーメンは決して辛いだけの代物ではない。それは(全く辛くない)タンメンを食べればわかる。その穏やかなスープは滋味にあふれ、しみじみと胸を打ち、ことにキャベツを美味しく食べさせる味わいなのだ。秀逸な味のベースあるがゆえ怪しいまでの中毒性を備えるのである。

しかし東京は恐ろしい街だ。この「辛い系」ラーメンは「蒙古タンメン中本」をも凌ぎうる魅力を備えている。それは幡ヶ谷のタイ料理「セラドン」のトムヤムラーメン。

いや、「セラドン」こそラーメンに限らず、東京一おいしいタイ料理の店と信じて疑わない。わが国のタイ料理店といえばいわゆる名店や人気店を含めても概ね家庭料理の延長にすぎぬが、「セラドン」ではバンコクでも一流のレストランでなければ出逢えない、見た目も味わいも洗練された料理が楽しめる。

そのトムヤムラーメンにおいては、甘み、塩味、旨味、そして辛味の妙なる均衡が実現され、スープのエレガントな味わいと、一転してB級っぽい、しかし見事なアルデンテの縮れ麺との相性はまことに心憎い。

ただし人生最後の午餐と考えれば、「辛い系」というラーメンのキャラクターは前向きにすぎるのではないか。もう少し内省的ないし感傷的なラーメンが好適とも思われる。

死ぬほど食べ歩いてきた身として

かつて暇があれば京都で遊び歩いていた頃、旅のおしまいはこの店と決めていた。「新福菜館」――ラーメンフリークのあいだではつとに知られた、黒いラーメンと黒いチャーハンの店である。

黒い（まあ正確には濃い焦げ茶色の？）ラーメンのお味はといえば、見た目と違って奇をてらったところのない、むしろ人なつっこいテイスト。しばらく会わないと無性に会いたくなる親友、といったキャラだ。

ラーメンは無骨ともいうべき太めのストレート麺で、やや濃い味のスープとのからみが素晴らしい。そして黒いチャーハンをレンゲによそい、ちょいとスープにひたして食べれば、誠にオツな味わいである。

メンマラーメンを「竹入中華そば」と書き表すディープさや、飲料水は自分でコップに注ぐ、その愛すべき庶民性も含め、真正のB級グルメなのは疑いない。

しかし洗練と品格の究められた京料理の続いた後、この一切の虚飾を排した潔さは胸を打つ。そしてふたたび東京で平凡な生活を送るにふさわしいメンタリティへと、自分をリセットしてくれる。

長野県諏訪市の「ハルピンラーメン」は、まったくもって私的な理由で最後の午餐にふさわしい。ここから歩ける近さの家でわたしは生まれ、一家で上京するまでの一年半を過ごした。死ぬ前に訪ねておきたい場所である上、先祖代々の墓も近いため、臨終した後の移動もスムーズ(?)。

そうした事情はともあれ、「ハルピンラーメン」はご近所や遠来の常連でつねににぎわっている。わが家はお墓参りのため諏訪を訪ねると、まず「ハルピンラーメン」で腹ごしらえをする。子豚飯も旨いので必ず頼む。

わたしは家内と娘と三人でカウンター席に座っていた。出来上がった子豚飯を携えた店員は、わたしたちを見比べるようにして「〝こぶた〟は、誰ですか?」と訊いた。

三人とも小太りなので、「まあ、そう言われてもねぇ」と顔を見合わせた。

しかしこの子豚飯、そして「ハルピンラーメン」はたとえ体重が増えようとも食べたい逸品。いたってふつうの豚骨系ラーメンなのだけれど、麺やスープが違和感なく胃に収まっていき、他では得難い満足感を覚える。それはきっと「ふつう」であることの「ふつうでない」素晴らしさではあるまいか。

こうした好ましいラーメンたちのことを考えれば、まだまだ死ぬのは惜しいという心もちとなる。ラーメンというのは徹頭徹尾、前向きな食べ物のように思われる。

いいや、そもそも「食」は煩悩の最たるものゆえ、いまわの際にいたって、そういうものを引きずっていては成仏できまい。

村上春樹は膨大なコレクションをもつレコード蒐集家としても知られるが、「人生最後に聴きたい曲」を問われ、こう答えている。

「僕はただ草原をわたる風の音が聞きたいです。キザでしょうか？　でも本当にそう思います」。

（それこそ）死ぬほど食べ歩いてきた身として、うまいこと言うなあ、と思った。

蒙古タンメン中本　新宿店
東京都新宿区西新宿7-8-11　美笠ビルB1F
☎03-3363-3321
9時〜翌2時30分（金曜・土曜は翌5時まで）
無休　カード不可

新福菜館　本店
京都府京都市下京区東塩小路向畑町569
☎075-371-7648
7時30分〜22時（水曜のみ11時〜15時）
水曜不定休　カード不可

タイ料理セラドン
東京都渋谷区幡ヶ谷1-8-3　VORT幡ヶ谷ビル1F
☎03-5371-3223　11時30分〜14時30分
（火曜〜金曜）　17時30分〜23時30分
（土曜・日曜、祝日のみ16時30分から）
月曜休　カード可

ハルピンラーメン
長野県諏訪市大字四賀飯島2336-2
☎0266-53-1557　11時〜24時
無休　カード不可

さいごに、タイトルの話。

「絶対また行く……」というタイトルには、若干の補足説明が必要と思われる。

タイトルは版元と相談して（というか、版元の意向で）決まったもので、連載時のタイトルは「この店はなぜ繁盛しているのか？」だった。より正確を期していえば（？）、「絶対また行きたい料理店」プラス「絶対また行かなきゃならない料理店」で、本書にはこの二種類が混在している。

「行きたい」というのは単純に「好きな店」で、「行かなきゃならない」というのは「評論すべき（そして論じた以上はフォローすべき）店」である。「好きな店」だけならば単純に「絶対また行く……」で構わないのだが。

もっとも、料理店を評論すること自体、外食の大きな喜びの一つに他ならない。それは目覚ましい勢いで増えつつあるグルメサイトやブログで、日々、熱の入った料理店評論が繰り広げられているのを見れば一目瞭然である。

そして古今東西、文学や音楽、絵画や映画、舞台など、あらゆる文化は評論によって盛り上げられてきた。本文でも書いたが、ニューヨークのレストラン「ル・サーク」（人気テレビ番組『ゴシップガール』にも出てくる）の名物オーナー、シリオ・マッチオーニ氏は、「評論家もレストラン業界というショウの登場人物のひとり」と言い放った。

私は見たこともない絵の評論や、聴いたこともない音楽の評論を読むことが大好きである。もしも、本書の101の料理店論にたいして、読者がそうした喜びを覚えてくだされば、これはもう望外の喜びである。

最後に、イラストの島田虎之介さん、担当編集者の松政治仁さんに感謝いたします。連載も本書も疑いなくお二人との共同作業でした。

横川　潤

港区

地区別索引

千代田区

中央区

目黒区

文京区

台東区

品川区

渋谷区

新宿区

初出:『kotoba』(集英社)2010年秋号～2015年冬号
本書は上記の記事をもとに加筆・修正されたものです。
店情報は2015年12月現在のものです。

横川 潤　よこかわ・じゅん

エッセイスト、食評論家。文教大学国際学部国際観光学科准教授。1962年、長野県生まれ。慶應義塾大学大学院修士課程修了。ニューヨーク大学経営大学院にてMBA取得。著書に『恐慌下におけるA級の店選び　究極の法則』（講談社+α新書）、『〈錯覚〉の外食産業』（商業界）、『クックパッド社員の名刺の秘密』（講談社）など。

絶《ぜっ》対《たい》また行《い》く料《りょう》理《り》店《てん》101

二〇一六年一月三一日 第一刷発行

著　者　横川 潤　よこかわ・じゅん

発行者　館 孝太郎

発行所　株式会社集英社インターナショナル
〒一〇一-〇〇六四 東京都千代田区猿楽町一-五-一八
電話 〇三-五二一一-二六三〇

発売所　株式会社集英社
〒一〇一-八〇五〇 東京都千代田区一ツ橋二-五-一〇
電話 読者係 〇三-三二三〇-六〇八〇
販売部 〇三-三二三〇-六三九三（書店専用）

印刷所　大日本印刷株式会社

製本所　ナショナル製本協同組合

ISBN978-4-7976-7309-8 C0095